Jo Seuß

111 Orte in Fürth und Erlangen, die man gesehen haben muss

Mit Fotografien von H.-J. Winckler und H. Sippel

111

emons:

Bibliografische Information der Deutschen Nationalbibliothek
Die Deutsche Nationalbibliothek verzeichnet diese Publikation in der Deutschen Nationalbibliografie; detaillierte bibliografische Daten sind im Internet über http://dnb.d-nb.de abrufbar.

Gestaltung: Eva Kraskes, nach einem Konzept von Lübbeke | Naumann | Thoben
Kartografie: altancicek.design, www.altancicek.de
Kartenbasisinformationen aus Openstreetmap,
© OpenStreetMap-Mitwirkende, ODbL
Druck und Bindung: Grafisches Centrum Cuno, Calbe
Printed in Germany 2014
ISBN 978-3-95451-416-8
Originalausgabe

Vorwort

Es hätte auch anders kommen können. Wenn es in Fürth am 22. Januar 1922 keine Volksabstimmung gegeben hätte, wäre die Stadt seit über 92 Jahren ein Teil von Nürnberg. Doch 64,8 Prozent der Bevölkerung stimmten für die Unabhängigkeit, und somit wurde die vom Stadtrat abgesegnete Einverleibung rückgängig gemacht. Noch heftiger war es mit Erlangen: Im Jahr 1400 wurde die Stadt nach Nürnberg verkauft und 1552 von den Nürnbergern überfallen. Doch ein paar Jahre später befreiten sich die Erlanger wieder vom großen Nachbarn. Folglich kann es ein Buch über 111 Orte, die man gesehen haben muss, geben, das von Fürth und Erlangen handelt.

Zwei mittelfränkische Großstädte mit rund 107.000 (Erlangen) und 120.000 (Fürth) Einwohnern, die direkt nebeneinanderliegen, aber lange Zeit ein eher distanziertes Verhältnis pflegten. Die Erlanger machten sich lieber über die Forchheimer lustig, die Fürther stichelten gegen die »Ostvorstädter« aus N. Ansonsten freuten sich die Kleeblättler über Quelle und Grundig, die Hugenottenstädter über Siemens und die Uni. Alles schien gut.

Aber die Welt drehte sich weiter. Manches, wie bei Quelle, kam anders als gedacht. Und da die Denkmalstadt Fürth plötzlich mit Hochschulen und Wissenschaft punktet, rückte sie näher an Erlangens Universität samt dem Zentrum für Medizintechnik heran. Beide Städte meisterten die Umwandlung von großen Militärgebieten, beide setzen auf Grün und Kultur. Und schön ist es, dass es innovative Projekte mit gleichen Kürzeln, aber verschiedenen Inhalten gibt. Wie FIS, was hier die Franconian International School, dort das Fürther Inklusive Soundfestival ist. Beides sollte man kennen – und deshalb will dieses Buch ein (Ver-)Führer für Fürther, Erlanger, aber auch Nürnberger und alle Menschen mit Lust auf Entdeckungen sein. Es will die Neugierde auf zwei schmucke Städte wecken, die zum Glück unabhängig geblieben sind. Denn es hätte auch anders kommen können.

Jo Seuß

111 Orte

1 Der Alterlanger See

Schmale Oase im Wiesengrund

Es gibt noch immer Leute, die ihn entweder mit dem Sparkassenweiher verwechseln oder einfach daran vorbeiradeln. Was durchaus passieren kann, denn der Alterlanger See ist stellenweise sehr schmal, und zudem liegt er gut eingewachsen am westlichen Rand des Wiesengrunds zwischen Innenstadt und Alterlanger Siedlung. Wer ihn aber mal entdeckt hat, der schätzt das lang gezogene Gewässer als Rückzugsgebiet. Eben eine ideale Oase für Städter.

Die Wiese am nördlichen Ufer, wo man im Frühsommer auch einen dünnen Kirchweihbaum antrifft, gilt gerade an schönen Tagen als beliebter Treffpunkt. Weil es aber nur eine einzige Bank unter der stattlichen Linde gibt, haben Familien und größere Freundeskreise eine Decke dabei. Und da zudem Parkplätze Mangelware sind, wird bevorzugt zum Fahrrad gegriffen (was man in Erlangen aber eigentlich niemandem sagen muss).

Auch wenn es keine Strandzone gibt, springt man im Hochsommer gern am Schilf vorbei rein. Abkühlung ist garantiert. Romantische Schattenplätze findet man rund um den See mehr als genügend. Und das war schon früher so, wie man über 100 Jahre alten Postkarten vom Alterlanger See entnehmen kann. Beliebt ist das Gewässer auch bei Anglern, die regelmäßig abends am Ufer sitzen. Im auffallend sauberen Wasser soll sich ein reicher Fischbestand tummeln.

Für eine gewisse Verunsicherung sorgt im Übrigen bis heute das Wort Alterlangen. Viele verorten den Stadtteil in der Innenstadt, was verkehrt ist, denn er liegt außerhalb des einstigen Stadtmauerbereichs. Trotzdem soll die erstmalige Erwähnung der Stadt anno 1002 als »Villa Erlangon« auf den Alterlanger Siedlungsbereich östlich der Regnitz zurückgehen, wie in Geschichtsbüchern betont wird. Ob der Name außerdem etwas mit einem dortigen Erlenanger zu tun hat, ist heiß umstritten. In der Universitätsstadt darf auch bei diesem Punkt weiter geforscht werden.

Adresse Am See, 91056 Erlangen-Alterlangen | ÖPNV Bus 286, 287, 293, Haltestelle Alterlangen/Kosbacher Weg | Tipp In Sichtweite des Sees steht der »Lange Johann«, das größte und mit 80 Metern höchste Wohngebäude Erlangens, das bis zu 27 Stockwerke und 400 Wohn-/Gewerbeeinheiten hat und von 1969 bis 1973 hochgezogen wurde. Die Gestaltung des Betonkolosses durch Hanns und Heinz Scherzer sorgt seit jeher für Kontroversen, in Architektenkreisen wird sie durchaus geschätzt.

2 Die Antikensammlung

Gipsköpfe, Dreifuß und Modelle vom alten Rom

Man braucht etwas Spürsinn, um die Antikensammlung zu finden. Das liegt wohl daran, dass diese 1853 angestoßene Einrichtung einige Ortswechsel hinter sich hat. Die Anfänge waren im Schloss, 1887 ging es ins Kollegienhaus und 1957 ins Untergeschoss des Lehrstuhls für Klassische Archäologie an der Philosophischen Fakultät in der Kochstraße. Und da Archäologen bekanntlich findige Typen sind, wird auf Wegweiser kein übergroßer Wert gelegt. Wobei das auch damit zu tun hat, dass die Antikensammlung zuletzt eine einjährige Zwangspause einlegen musste, weil das Haus samt Kelleretage dringend saniert werden musste.

Wer den Blick in die Zeit vor über 2.000 Jahren richtet, sieht eine solche Auszeit gelassen – wie Martin Boß, der seit 1991 die Antikensammlung betreut, die rund 1.300 Inventur-Nummern hat, an die man gut zwei Nullen anhängen kann, wenn es um die Stücke im Depot geht. Zum einen gibt es die überwiegend weißen Gipsabgüsse, mit denen einst im »Raritätenkabinett« alles begann. Viele Köpfe, nackte Adonisse und Venusfiguren, aber auch Helden in kämpferischer oder nachdenklicher Pose. Zum anderen besitzt man rund 900 Originale, unter denen historisch Bedeutsames zu finden ist. Der »Erlanger Becher« aus der Etruskerzeit oder der orientalische Dreifuß zum Beispiel.

Solche Schätze werden hinter Glas gezeigt und haben die Antikensammlung bayernweit nach München und Würzburg zur Nummer drei in dieser Museumssparte gemacht. Mindestens ebenso wichtig ist Martin Boß aber die Bearbeitung der Stücke mit den Studenten, um die Bedeutung der Antike für das Heute herauszufiltern. Das führt alljährlich zu einer spannenden Themenschau, die zwischen acht schlanken Säulen gezeigt wird. Und zu einer Besonderheit des Lehrstuhls und der Sammlung: Architekturmodelle etwa vom alten Rom, um Stadtplanung im Wandel der Zeit zu verstehen. Und das hat absolut nichts Angestaubtes.

Adresse Kochstraße 4, 91054 Erlangen-Innenstadt | **ÖPNV** Bus 293, Haltestelle Lorlebergplatz | **Öffnungszeiten** während der Vorlesungszeit, Di–Do 14–17 Uhr und jeden 2. und 4. So im Monat 14–17 Uhr | **Tipp** Die Universität hat auch eine renommierte grafische Sammlung, die sich in der Universitätsstraße 4 befindet.

3__Der Aromagarten

Immer der Nase nach

Wie riecht eine Stadt? Woran erkennt man ihren Duft? Hat Erlangen überhaupt einen eigenen Geruch? Vielleicht eine Mischung aus Siemenselektronik, Universitätsschweiß, Markgrafenessenzen, Hugenottenextrakten, mittelfränkischen Spurenelementen sowie internationalen Einsprengseln, die zusammen den Erlanger Duft ergeben? Dies herauszufinden wäre eine Doktorarbeit wert. Doch gut möglich, dass dies über den 8.900 Quadratmeter großen Aromagarten längst erforscht wird, der seit 1981 am Rand der Schwabach gedeiht. Ein blühendes Paradies, das die Uni Erlangen betreut.

Ein lila Schild empfängt einen an der Tür, die von April bis Oktober täglich von 7 bis 19 Uhr geöffnet ist. Unter weiß blühenden Schlehenbüschen und vorbei an zierlichen Birnbäumen geht es den Duftrosen entgegen, die einen kräftig in Beschlag nehmen. Rund 120 einheimische wie exotische Pflanzen wachsen in der liebevoll angelegten Beetlandschaft, wo große Tafeln einen groben Überblick bieten. Doch Vorsicht: Nicht das Auge, sondern die Nase gibt hier die Richtung vor.

Thymian, Salbei, Minze und russischer Estragon bilden einen ersten Schwerpunkt. Auf schmalen Wegen kann man sich einen persönlichen Duftpfad bahnen, mit Daumen und Zeigefinger leicht an Blüten oder Blättern reiben, um etwa die würzigen Nuancen beim Muskatellersalbei zu erahnen oder dem Geheimnis des Falschen Jasmins auf die Spur zu kommen. Und je nach Jahreszeit dominieren andere Gerüche und Farben, wie im Juni das Lavendelblau.

Wer schon immer mal den Unterschied zwischen Kartoffel- und Weinrose erriechen wollte, kann dies hier tun. Zugleich Katzenminze und Römische Kamille beschnuppern und darüber staunen, wie groß und zackig Medizinalrhabarberstauden sind. Dank dosiert eingestreuter Schilder bekommt man von Herkunft über Inhaltsstoffe, Duft und Verwendung bis Gartenwert exakte Infos zu den wichtigsten Pflanzen – inklusive dem Aspekt »Droge«.

Adresse Palmsanlage, 91054 Erlangen-Innenstadt | **ÖPNV** Bus 288, 289, Haltestelle Schwabachanlage | **Öffnungszeiten** April–Okt. 7–19 Uhr | **Tipp** Das neue Wissen über Düfte kann man hinterher bei einem Spaziergang durch die Schwabachanlage testen. Hier blüht viel Wohlriechendes!

4 Der Berch

Magnet mit Dirndl, Bier und Riesenrad

Wenn der Berg ruft, dann gibt's kein Halten mehr. Die ersten Rufe ertönen schon wieder am Tag nach der Fass-Beerdigung am Ende des zwölftägigen Massenauftriebs am Fuße des Burgbergs. Richtig ernst wird es so etwa acht Wochen vor dem Donnerstag vor Pfingsten, wenn der Oberbürgermeister das erste Fass mit möglichst zwei Schlägen anzapfen muss (was OB-Neuling Florian Janik 2014 auf Anhieb gelang, was ein gutes Omen für seine Amtszeit sein könnte …).

Im April hängt jedenfalls die ganze Stadt voller Plakate, die den »Berch«, wie die Einheimischen sagen, in Erinnerung rufen. Seit mittlerweile 259 Jahren ist klar: Die Bergkirchweih ist nicht irgendein Volksfest, sie ist eine eigene Auszeit, irgendwo zwischen Fasching und Urlaub angesiedelt. Bis 1999 genehmigte die Universität sogar einwöchige »Bergferien«, damit Studenten und Lehrkörper das Spektakel in vollen Zügen genießen konnten.

Es geht dort, wo früher die Bierbrauer ihre Keller hatten, allabendlich promillegeladen im Namen von »Ein Prosit der Gemütlichkeit« über die Bühne. Als von Weitem sichtbares Zeichen wird ein gut und gern 52 Meter hohes Riesenrad aufgebaut, umgeben von Los-, Schieß- und Imbissbuden sowie einigen Herausforderungen für Magengrube und Gleichgewichtssinn. Im Mittelpunkt des lang gezogenen Gaudiwurms steht aber das Maßkrugstemmen in Verbindung mit dem Tanz auf Bierbänken und -tischen. Ob beim Entlas-, Erich-, Birkner-, Steinbach- oder Henninger-Keller: Ab einem gewissen Punkt reißt es alle hoch. Und wohl denen, die zum prallen Dirndl oder zur speckigen Lederhose rutschfeste Fußbekleidung tragen.

Ob bei der »Fischerin vom Bodensee«, beim »Regimentsmarsch« oder bei Gassenhauern wie »Fürstenfeld«: Sitzen bleiben geht gar nicht! Und es ist ein beeindruckendes Schauspiel, wie die Masse Mensch in Bewegung gerät und in allgemeinem Frohsinn hüpft und tanzt. Und dann ist das Gwerch am Berch auch jedem Gerch wurscht.

Adresse An den Kellern, 91054 Erlangen-Burgberg; die Kärwa beginnt immer am Donnerstag vor Pfingsten | **ÖPNV** Bus 288, 289, Haltestelle Essenbacher Straße | **Tipp** Am Rand des Burgbergs erinnert ein Denkmal daran, dass auf der Trasse des Frankenschnellwegs früher der Ludwigskanal war, der Donau und Main verband.

5 Der Bohlenplatz

Trödeln in der Oase

Am vollsten ist es am Bohlenplatz jeden ersten Samstag im Monat, wenn von 7 bis 16 Uhr der Flohmarkt läuft. Seit 35 Jahren stehen dann bunt bepackte Tapeziertische an den Parkwegen zwischen Friedrich- und Oberer Karlstraße. Und die Organisatoren Monika und Bernd Görzig bieten an ihrem Stand neben der Kirche leckere Brötchen und je nach Jahreszeit kühle oder heiße Getränke an. Eine Trödel-Institution, die viele Stammgäste anzieht, weil auf gepflegten Handel mit echten Secondhandwaren geachtet wird.

Interessant ist der Bohlenplatz, der wegen des Milieus im Umkreis zuvor »Im Polen« oder »Klein-Polen« hieß, zudem wegen seiner bewegten Geschichte. Als 1734 die deutsch-reformierte Kirche auf der Westseite vollendet wurde, wartete die angrenzende Fläche noch lange auf ein Gesicht. 1740 wurden immerhin ein paar Bäume gepflanzt, trotzdem diente das Areal mehr als Müllhalde und Sandgrube im damaligen Armenviertel. Grüner wurde es erst, als das bayerische Königshaus 1826 der Stadt 450 Maulbeerbäume für die Seidenraupenzucht schenkte und sie zum Großteil hier pflanzte.

Ein richtiger Park wurde erstmals 1887 angelegt. Dennoch tauchten immer wieder Umgestaltungspläne auf. Sogar ein Freibad war einmal angedacht, wie man vor Ort einer Tafel entnehmen kann. 1919 installierte man dann einen der ersten beiden Kinderspielplätze der Stadt, trotzdem folgten immer wieder neue Pläne, etwa für ein Gefallenendenkmal. Im Zweiten Weltkrieg machten sich Kleingärten, später sogar ein Parkplatz breit. Eine Sünde, die heute vergessen ist. Seit 1982 sind nur noch Freizeit, Erholen, Spielen und Trempeln angesagt.

Ab und zu kommt eine Attraktion hinzu. Wie 2002 die Brunnenplastik »Quellstein im Labyrinth« von Bernhard Rein zum 1.000-jährigen Stadtjubiläum. Oder ein Jahr zuvor ein Ginkgobaum am »Friedensweg der Religionen« bei der Kirche. Daneben sorgen Kräuter für guten Duft am Bohlenplatz.

Adresse Bohlenplatz, 91054 Erlangen-Innenstadt | ÖPNV Bus 284, 294, Haltestelle Obere Karlstraße | Tipp Ringsum gibt es viele kleine Geschäfte zum Schmökern – und für Flohmarktfans wird dreimal im Jahr an Sonntagen der Großparkplatz hinter dem Bahnhof leer geräumt.

6 Das Bongartz

Ein Dreiklang für musikalische Entdecker

Plattenläden waren einmal Institutionen. Dort verbrachte man Stunden, um in Regalen und Fächern zu stöbern und per Kopfhörer neue Musik zu testen. Nebenher kam man mit den Machern ins Gespräch. Und so entdeckte man unabhängig von dem, was im Radio oder Fernsehen lief, neue Bands und andere Sounds abseits des Mainstreams. Solche Anlaufstellen verschwanden schrittweise, vor allem seitdem das Internet zum endlosen 24-Stunden-Soundcheck samt Online-Bestellung einlädt.

Trotzdem sah Peter Bongartz, Jahrgang 1966, der zuvor bei »Musicland« tätig war, eine Marktlücke für einen Laden, der mit »Musik in allen Formaten« neue Wege geht. Mitten in der Hauptstraße, zwischen einem Juwelier und der griechischen »Mythos«-Taverne gelegen, hat er im November 2008 das »Bongartz« aufgemacht. Und mit cleveren Schachzügen ist der Laden eine Institution mit ständig wachsendem Kundenkreis geworden.

Das Erfolgsgeheimnis basiert auf dem Dreiklang Service, Zuverlässigkeit und Qualität. Dabei überlassen der Chef und sein kleines Expertenteam, zu dem der Musiker und Journalist Peter Gruner gehört, ganz wenig dem Zufall. Jede Woche treffen sie sich, um ihre ganz persönlichen Entdeckungen zusammenzutragen, gemeinsam auszusieben und am Ende rund 20 begründete Empfehlungen aus den Sparten Pop/Indie und Klassik weiterzugeben. Diese erscheinen in zwei schmalen Hochglanzbroschüren und werden per E-Mail-Newsletter verbreitet – beides animiert zum Nachdenken und regelmäßigen Ladenbesuch.

Dort kann man wie zu Plattenzeiten (und Vinyl gibt es hier natürlich ebenfalls!) in die Scheiben reinhören, bei einer guten Tasse Kaffee mit dem Personal fachsimpeln und in Musikzeitschriften blättern. Zudem winken immer wieder Ladenkonzerte, wo unplugged bekannte Bands wie La Brass Banda, die abends im E-Werk spielen, ebenso auftreten wie Geheimtipps vom Strohalm-Club. Heiße Kiste, Leute!

Adresse Hauptstraße 56, 91054 Erlangen-Innenstadt | ÖPNV Bus 253, 283, 286, 289, 293, Haltestelle Altstadtmarkt | Öffnungszeiten Mo–Fr 10–19 Uhr, Do bis 20 Uhr, Sa 10–16 Uhr | Tipp Für den Bereich Jazz, Blues und Rock hat der »Schallplattenmann« in der Fahrstraße 12 einiges zu bieten – ein kleiner, individuell geführter Laden nicht weit von der Uni-Bibliothek entfernt.

7 Die Boulderhalle

Klettermaxe statt Benzinkarossen

Man kann von allen Seiten reinschauen und sieht doch aus der Ferne nicht, was drinnen abgeht. So kommt man automatisch näher, um zu verstehen, was eigentlich »Blockhelden« sind, wie an der Fassade steht. Ein raffinierter Schachzug, der zum Konzept passt, das seit Oktober 2012 in einem stillgelegten Autohaus am Ortseingang von Dechsendorf rechts neben einer Tankstelle für neues Leben sorgt.

Boulderhalle heißt die Freizeitattraktion, die sich die Sandkastenfreunde Simon Herr und Simon Brünner ausgedacht haben. Die passionierten Kletterer standen nach ihrem Physik- beziehungsweise Produktdesign-Studium mit Anfang 30 wieder in der Erlanger Heimat auf der Matte. Und der von den Benzinkarossen befreite Flachbau brachte ihre Phantasie zum Galoppieren.

Da beim Herumhangeln an künstlichen Felsbrocken (englisch: boulder) weder Seil noch Haken genutzt werden, entpuppte sich die Raumhöhe als ideal. Durch extradicke Matten wird der freie Fall aus vier Metern Höhe gehörig gebremst. Und weil es sieben farblich markierte, unterschiedlich schwere Routen gibt, sind Klettermaxe zwischen drei Jahren und 63 plus anzutreffen. Und Kindergruppen wetteifern wie Männercliquen, wer am schnellsten oben ist und zum Blockhelden wird.

Geschickt haben die Macher die Ausstellungsräume in Kraxellandschaften verwandelt, die frühere Kfz-Werkstatt mit dem im Sommer zu öffnenden Rolltor wurde ebenso integriert wie der Verwaltungstrakt und das Ersatzteillager im Keller. Von dort verläuft ein Kurs für die absoluten Cracks nach oben, der samt extremem Überhang 13 Meter lang ist. Da die potenzielle Absturzhöhe dank des schräg abfallenden Bodens nirgends zu groß ist, winken sportliche Hochgefühle, ohne dass man schwindelfrei sein muss. Und wer noch Kraft in den Fingern tanken muss, auf den warten Trainingsbretter zum Hochziehen nur mit zwei, drei Fingern. Eine schweißtreibende Herausforderung.

Adresse Weisendorfer Straße 18, 91056 Erlangen-Dechsendorf, www.blockhelden.de | ÖPNV Bus 202, 283, Haltestelle Heusteg | Öffnungszeiten täglich 9–23 Uhr, Mo, Mi und Fr ab 11 Uhr | Tipp In Dechsendorf gibt es jede Menge Seen, und am großen Dechsendorfer Weiher laufen im Sommer öfters Freiluftkonzerte. Das Wasser lädt aber wegen des starken Algenwachstums seit Jahren nicht gerade zum Baden ein.

8 Die Brauerei Steinbach

Ein Hoch auf das Storchenbier

Es war eine kleine Sensation, als in der Vierzigmannstraße 4 wieder die Kessel angeworfen wurden. Auf dem Anwesen, wo 1653 mit der Thurn-und-Taxis'schen Poststation das Bierbrauen begann, wagten Dieter Gewalt, Enkel von Carl Steinbach, der die Firma im Jahr 1861 gründete, und seine Söhne Christoph und Jörg im Mai 1995 nach 72 Jahren einen Neustart. Nach der finsteren Inflationszeit 1923, als die Familie Steinbach den Betrieb einstellen musste und das Braukontingent an das Brauhaus Nürnberg verkaufte, wie es auch die Brauerei Hübner und die Klosterbrauerei Frauenaurach taten, konzentrierte man sich auf die Malzproduktion.

Es war nicht zuletzt die Rückbesinnung auf besondere einheimische Biere, die zur Renaissance der Brauerei Steinbach führte. Und so gibt es in der Stadt, die vor 150 Jahren mit 20 Brauereien die Nummer eins der Branche vor Kulmbach, Nürnberg und München war, wieder mehr als den Platzhirschen Kitzmann. Da auf dem Schlot regelmäßig Störche brüten, passt das trüb-süffige Storchenbier bestens als Aushängeschild im Spezialitätenmix, der stets ein »Bier des Monats« bietet.

Glänzende Kupferkessel stehen im Sandsteingebäude mit dem hochgezogenen Satteldach und sind Fixpunkte des Braugaststättenkonzepts. Und seit April 2008 ist oben auf dem Gerstenboden auch ein kleines Biermuseum integriert. Auf 200 Quadratmetern wird neben der Erlanger Biergeschichte die Kunst des Brauens in acht Stationen präsentiert. Das historische Wirtshausschild vom 1956 geschlossenen Gasthof »Roter Ochs« gehört ebenso zu den Schmuckstücken wie Impressionen von der Bergkirchweih.

Neben einer alten Hopfensack-Nähmaschine begegnet man auch dem Hinweis, dass »Erlanger« in den USA heute noch als Synonym für ein haltbares Lagerbier mit malzigem Charakter gilt. Trinken kann man es auch im Biergarten, wo rote Lampions an einer stattlichen Kastanie hängen – und abends romantisch leuchten.

Adresse Vierzigmannstraße 4, 91054 Erlangen-Innenstadt | **ÖPNV** Bus 202, 283, 286, 287, 289, Haltestelle Martin-Luther-Platz | **Öffnungszeiten** täglich 17–24 Uhr, Museumsführungen kann man unter Tel. 09131/895912 vereinbaren | **Tipp** Spuren verblichener Brauereien findet man heute noch, zum Beispiel am Theaterplatz 15 bei der Kneipe »Goldene Harfe« oder beim »Goldenen Schwan« in der Hauptstraße 110, wo einst die Brauerei Hübner ansässig war.

9 Brucklyn

Extreme zwischen Dorf, Hochhäusern und J.B.O.

Man schrieb das Jahr 1282, als Brucca erstmals urkundlich erwähnt wurde. Das Dorf war damals ein Spielball zwischen dem Nürnberger Burggrafen und dem Ansbacher Markgrafen. Dennoch blühte Bruck im späteren Mittelalter, was viel mit der verkehrsgünstigen Lage an der einzigen Regnitzbrücke zwischen Vach und Baiersdorf zu tun hatte. Zeitweise gab es vier Brauereien, und auch die Verarbeitung des nebenan angebauten Tabaks kurbelte die Wirtschaft an.

Im 19. Jahrhundert veränderte sich das Ortsbild, als erste Arbeitersiedlungen entstanden und Bruck mit Erlangen zusammenwuchs. 1924 folgte zuerst die Eingemeindung, dann neue Siedlungsprojekte mit Einfamilien- und Mietshäusern. Nach dem Zweiten Weltkrieg führte der soziale Wohnungsbau zu einem extremen Wachstum. 60er-Jahre-Betonbauten wuchsen vier, acht, 13 und über 20 Geschosse empor. Vor allem die klotzige Hochhausarchitektur rund um Paul-Gossen- und Gerhard-Hauptmann-Straße veränderte das Bild des Stadtteils, den die jüngere Generation »Brucklyn« nannte.

Es ging lauter, härter und ungehobelter zu als anderswo. Und der Ausländeranteil stieg auf 27 Prozent – der Spitzenwert in der Stadt. 1989 machte die Erlanger Heavy-Metal-Spaßcombo J.B.O. aus dem »Beastie Boys«-Hit »No Sleep till Brooklyn« eine fröhlich-freche Hymne auf Bruck, wo es mindestens genauso gefährlich sei wie in New York. Vor Ort nahm man's mit Humor. Insbesondere im Heavy-Metal-Schuppen »Force« am Buckenhofer Weg 69, der 1982 als »popperfreie Zone« in Eigenregie von Fans harter Rockmusik gegründet wurde.

Auch wenn die J.B.O.-Frontmänner Vito C. und G. Laber inzwischen ein paar Jahre älter sind: Sie gehen immer noch gern mal ins »New Force«, wie die Disco seit der Totalrenovierung Ende 2007 nach über einjähriger Zwangspause heißt. Unbekannte hatten den verheerenden Brand gelegt. Als wollten sie beweisen, dass es in Bruck wirklich härter zugeht.

Adresse 91052 Erlangen-Bruck | ÖPNV Bus 285, Haltestelle Paul-Gossen-Straße | Pkw am Frankenschnellweg die Ausfahrt Erlangen-Bruck nehmen, über die Paul-Gossen-Straße kommt man in den Stadtteil | Tipp Einfach mal über die Äußere Brucker Straße und die Fürther Straße von Neu- nach Alt-Bruck bis zur schmucken Kirche St. Peter und Paul fahren – eine spannende Zeitreise!

10 Das Bürgerpalais Stutterheim

Aufpoliertes Gesamtkunstwerk

Das Palais Stutterheim hat das gewisse Etwas. Das wissen alle, die mal drin waren. Trotzdem spürten sensible Besucher, dass im um 1730 erbauten Palast, der früher mal als Rathaus diente, etwas nicht stimmte. So war die Ausstellungsfläche für die hier seit 1974 beheimatete Städtische Galerie zu klein, die Bibliothek wirkte reingezwängt, und der Innenhof blieb ungenutzt, seltsam ausgeklammert. Es musste etwas passieren – folglich war es gut, dass Kulturreferent Dieter Rossmeissl nach allen Regeln der Kunst für eine aufwendige Sanierung samt Umgestaltung gekämpft hat. Und das erfolgreich.

Herausgekommen ist ein aufpoliertes Haus, das seit 2010 in neuem Glanz erstrahlt. Durch mehrere kluge Eingriffe entstand ein wunderbares Gesamtkunstwerk, das für alle Bürger da ist und wahrlich Maßstäbe setzt. Die Stadtbibliothek durfte sich auf allen Etagen breitmachen. Und durch die gläserne Überdachung des Innenhofs und wohlgesetzte Verbindungsstege in den oberen Stockwerken hat der Palast etwas Spielerisches bekommen.

Dazu passen die Lesenischen mit den bequemen Sitzmöbeln und insbesondere das Blätterrauschen im Erdgeschoss. Wer will, kann hier stundenlang in Zeitungen und Zeitschriften blättern, dazu Kaffee oder etwas Kühles trinken. So wie früher im verblichenen Kulturtreff Helmstraße, nur eben mit viel mehr Licht, Luft, Flair und sogar Platz für ein Lesepodium. Durch das neue Untergeschoss hat sich die Fläche für die Kunstpalais-Ausstellungen auf 500 Quadratmeter verdoppelt, was die Präsentation von zeitgenössischen Bildern und Installationen sehr beflügelt hat. Gelungen ist auch, wie auf die unrühmliche Geschichte des Anwesens im Jahr 1933 eingegangen wird. Damals waren im Hof die ersten jüdischen Mitbürger Erlangens verhaftet und abtransportiert worden. Im ersten Obergeschoss wird mit Bild und Text sehr subtil daran erinnert.

Adresse Marktplatz 1, 91052 Erlangen-Innenstadt | ÖPNV Bus 30, 202, 289, 293, Haltestelle Hugenottenplatz | Tipp Wer die Helmstraße zur Westlichen Stadtmauerstraße durchgeht, stößt auf das Atelier des stadtbekannten Künstlers Erhard Königsreuther alias »Pinsl«. Das 2009 verstorbene Enfant terrible war ein Original, galt aber auch als Nervensäge mit Krone auf dem Haupt.

11 Das Café Mengin

Süße Träume, edle Verführungen

Es kann gefährlich werden, wenn man das Café Mengin betritt. Am besten sollte man sich ein Limit setzen, wie im Spielkasino. Zwei Stück, maximal drei – dann tschüss. Als wenn das so einfach wäre! Wer am Schaufenster und dann innen vor dem nicht enden wollenden Torten-Kuchen-Praliné-Gebäck-Reigen steht, dem kann es ähnlich schwurbelig werden wie dem Comte De Reynaud in der märchenhaften Kinokomödie »Chocolat«.

Aber was soll's: Das Café Mengin muss man genießen. Es lockt mit süßen Träumen und bietet eine edle Form der Verführung. Schwungvoll stehen die Namen auf der Tafel. Zwischen Apfelstrudel und Sacher rangiert die Agnes-Bernauer-Torte. Eine hauseigene Spezialität mit Nussbaiser und Mokkacreme. Man möchte sie alle probieren samt Florentiner, Schweinsohren und Pressburger Nusshörnchen.

Auf das Mengin muss man sich einlassen. Auch wegen der reichhaltigen Geschichte. 1697 soll das markante Eckhaus mit dem freigelegten Fachwerk erbaut worden sein, obwohl am Eingang 1723 steht. Unstrittig ist das Jahr 1863, in dem die Witwe Rosenmüller das gesamte Anwesen an den Kaufmann, Konditor und Hugenotten-Urenkel Jean Theodore Ernest Mengin aus Schwäbisch Hall verkauft. 1892 stieg das Café unter Sohn Richard zum bayerischen Hoflieferanten auf. 1910 übernahm Familie Hans Gros den Betrieb.

Hans und Sohn Franz bauten das Café nach 1945 wieder auf, 1954, 1970 und 1989 wurde umgestaltet. Seit 1997 führen die Enkel Ronald (Hotelkaufmann und Koch) und Kai-David (Konditor mit Meisterbrief aus Heidelberg) die Geschäfte. Neben 50 verschiedenen süßen Stücken galten lange zwei Chow-Chows vor der Tür als Markenzeichen. Diese Zeiten sind vorbei, langsam gewöhnt man sich daran, wie an den großen Wintergarten auf der Seite zum Schloss. Hier kann man zu jeder Jahreszeit süßliche Stunden verbringen. Und da es Diabetikervarianten gibt, darf's auch ein Kuchen mehr sein.

Adresse Schlossplatz 5, 91054 Erlangen-Innenstadt | **ÖPNV** Bus 205, 283, 287, 293, Haltestelle Altstadtmarkt | **Öffnungszeiten** Mo–Sa 8–18.30 Uhr, So und Feiertage 9–18 Uhr | **Tipp** An der Fassade des Hauses Schlossplatz 3 erinnert eine Gedenktafel an die ehemalige Werkstatt des Universitätsmechanikers Erwin Moritz Reiniger, die als Ursprung der Siemens Medizintechnik gilt.

12 Das Dreycedern

Ein inklusives Aushängeschild

Die Eingangstür geht automatisch auf, die Gänge sind auffallend breit und die Buchstaben auf dem Wegweiser extragroß. Während es Orientierungshilfen in Blindenschrift gibt, müssen Rollstuhlfahrer nicht mit Stufen rechnen, die sie ausbremsen. Gleich bei den ersten Schritten im Haus Dreycedern spürt man, dass hier an alles gedacht wurde, damit hier niemand draußen bleiben muss. Und das ist kein Zufall, denn im Dreycedern wurde schon inklusiv gedacht, als dieses Wort noch nicht im Mittelpunkt des Zusammenlebens von Menschen mit oder Handicaps stand.

Seit 1982 betreibt der Verein Dreycedern das Sozialzentrum mit insgesamt 48 Wohnungen im ehemaligen Domizil der Erich-Brauerei. 1976 hatte die Stadt es gekauft und das denkmalgeschützte Anwesen beispielhaft umbauen lassen. Die schmucken Gebäude mit den halbrunden Markisen an den Fenstern zum Altstädter Kirchplatz sind ein echtes Aushängeschild geworden, das sich stets weiterentwickelt hat – zu einem Haus der Gesundheit, in dem ältere und behinderte Menschen vielerlei Anlaufstellen finden, aber auch Medizingeschädigte beraten werden.

2005 erhielt die weitgehend ehrenamtlich getragene Einrichtung den Erlanger Preis für Medizin, Technik und Gesundheitswesen. Zu den wichtigen Köpfen zählte von Anfang an Dinah Radtke, Jahrgang 1947, die seit 1977 im dritten Stock von Dreycedern barrierefrei wohnt. Über Studenteninitiativen sowie zahllose Anträge und Projekte hat die Rollstuhlfahrerin viel bewegt. Dazu gehört das Zentrum für Selbstbestimmtes Leben (ZSL), das sie 1988 mitgründete.

Integriert wurde im Dreycedern-Erdgeschoss auch das Lokal des Vereins »Sprungbretter«, in dem ehemalige Suchtkranke beschäftigt sind, weshalb es hier keine alkoholischen Getränke gibt. Der Mittagstisch, der montags bis freitags von 11.30 bis 14 Uhr zwei Gerichte plus Suppe und Dessert zu äußerst sozialen Preisen anbietet, ist ein echter Geheimtipp.

Adresse Altstädter Kirchenplatz 6, 91054 Erlangen-Innenstadt | **ÖPNV** Bus 202, 205, 283, 287, Haltestelle Martin-Luther-Platz | **Tipp** Der Brunnen »Der Fischerknabe mit Hecht« befindet sich nebenan am Altstädter Kirchplatz, wo er 1977 aufgestellt wurde. 1886 hatten ihn Bürgerspenden finanziert – bis 1953 stand er auf dem Bahnhofsvorplatz.

13 Der Entlas-Keller

Heilige Unterwelt der Bierbrauer

Die Erlanger Bierbrauer waren einmal die Größten. Genauer gesagt: die größten Maulwürfe. Sie gruben sich im Jahr der Hugenotten ab dem 4. November 1686 in den einheimischen Berg. Bis 1876 die Kältemaschine erfunden wurde und das Export-Lagermonopol der Erlanger endete, gab es 16 Keller mit einer Gesamtlänge von 21 Kilometern zum Lagern von Bier. Einer davon ist der Entlas-Keller, der im Gegensatz zum Rest den ganzen Sommer bewirtschaftet wird.

Wenn das Volksfest am Berg kurz vor Pfingsten startet, ist beim »Entla«, wie der Chef Friedrich Engelhardt, Jahrgang 1953, genannt wird, der Biergarten mit 3.600 Plätzen rappelvoll. In seinem Keller stapeln sich dann Bierfässer und -krüge sowie Limo und Käse. Und es ist die Zeit im Jahr, in der der Chef öfters mal nach unten geht, um im Naturlager mit acht Grad Celsius und hoher Luftfeuchtigkeit zur Ruhe zu kommen und sich von nervigen Gästen zu erholen.

Zu Engelhardts Lieblingsbeschäftigungen gehört das Führen von Neugierigen durch die Erlanger Keller. Mit »Herrschaften« beginnt sein Rundgang, bei dem er gleich zu Beginn an die Bereitschaft der Teilnehmer appelliert, ihre »Zwetschger« (sprich: Sinne) zu gebrauchen, wenn sie einen Abstecher in die heilige Unterwelt der Bierbrauer machen. Denn es geht handfest ans Eingemachte, weil Engelhardt sonntags um 11 Uhr keinen musealen Einheitstrip anbietet, sondern seine Entführung ins Kellersystem zu einer sinnlichen Prozession macht.

Zuerst illuminieren noch Teelichter die kühlen Wände. Später wird zum mutigen Gang durch das Stockfinstere animiert. So winken magische Momente, insbesondere, wenn durch einen Felsspalt die 53 Meter weiter oben stehende Abraham-Skulptur von Heinrich Kirchner zu sehen ist. Unten im Keller, dessen Eingang Friedrich Engelhardts Vater Heinrich 1950 wieder flottmachte, steht eine kleine Kirchner-Plastik im Gewölbe. Und sie macht den Besuchern klar: Es kommt nicht auf die Größe an!

Adresse An den Kellern 5, 91054 Erlangen-Burgberg | ÖPNV Bus 288, 289, Haltestelle Essenbacher Straße | Öffnungszeiten Führungen April – Sept. So 11 Uhr, Kontakt und Infos unter Tel. 09131/22100 | Tipp Am Westrand des Burgbergs wurde von 1841 bis 1844 der erste bayerische Eisenbahntunnel gegraben. Er ist 306,65 Meter lang und hat zwei unterschiedliche Eingangsportale, doch der laufende ICE-Streckenausbau sorgt nun für Veränderungen.

14 Das Erlanger Teehaus

Stilvoller Salon für Traumtänzer

Das Erlanger Teehaus hat etwas Heiliges. Und das hat viel mit dem Ambiente zu tun, das vor knapp zehn Jahren bei der Übergabe vom Onkel zum Neffen vielfach aufpoliert wurde, weshalb auch der Name »neues Teehaus« kursiert. Elegante Blumentapeten treffen auf gediegenes Bistromobiliar. Wohlplatzierte Spiegel und Schmuckstücke, wie die runde Grandhotel-Jugendstiluhr oder ein weißer Ziegenkopf, veredeln die großen Salonräume. Weil das trotz aller Perfektion gemütlich wirkt, fühlt man sich gut aufgehoben, um hier ein paar gepflegte Stunden mit Blick auf Grasgrün, Violett oder Purpurrot zu verbringen.

Das geht schon beim Frühstück los, wo es neben üppigen Varianten sechs kleine Alternativen auf der Karte gibt. Dabei blitzen das Weltgewandte und der Hang zum Sinnlichen auf, Giuglia und Romeo sind ebenso vertreten wie Elisa und Eros, wobei der Unterschied zwischen den Kompositionen hauchzart ist. Doch Details sind oft entscheidend – und das beweist das Gasthaus, dessen Wurzeln in die 1970er Jahre zurückreichen, auf eine besondere Art.

Kaffee und kühle Getränke gibt es nebst Kuchen und Speisen, der Tee war und ist aber das Herzstück im einstigen Teeladen geblieben. Es gibt ihn in vielerlei Couleur und mit Aussicht auf Entdeckungen. Umwerfend schmeckt der »Traumtänzer«. Eine grün-weiße Mischung, die süßlich, würzig, pfirsichfruchtig die Geschmacksknospen betört. Serviert wird er betont klassisch: in einer weißen Kanne, auf einem Silbertablett, im Metallsieb, mit verschiedenen Kandissorten und Eieruhr.

Das nennt man Stil! Leicht britisch im französisch-mediterranen Kontext, der auch im schicken Wintergarten blüht und hinten im Garten ins Japanische/Indische driftet. Unter dem Blätterdach der Bäume, umgarnt von Lichterketten und Efeu an der Wand, sitzen auch steinerne Yogis, zwei davon am Rand des ummauerten Miniteichs. Sie animieren zum Meditieren und Wegträumen.

Adresse Friedrichstraße 14, 91054 Erlangen-Innenstadt | **ÖPNV** Bus 284, 294, Haltestelle Obere Karlstraße | **Öffnungszeiten** Mo–Fr 8.30–22 Uhr, Sa 9–20 Uhr, So 10–19 Uhr | **Tipp** Schräg gegenüber steht das 1722 erbaute Wildenstein'sche Palais, in dem die Volkshochschule der Stadt Erlangen residiert. Von 1889 bis 1964 war hier die »Uttenruthia zu Erlangen« ansässig, die 1836 gegründet wurde und als älteste nicht schlagende Studentenverbindung Deutschlands gilt.

15 Die E-Werk-Kellerbühne

Immer unter Strom

Der rote Blitz ist das Markenzeichen und der passende Fingerzeig, dass das Haus noch immer unter Strom steht, obwohl im Elektrizitätswerk an der Fuchsenwiese schon lange keine Generatoren und Turbinen mehr stehen. Vielmehr residiert hier seit 1982 das Kultur- und Freizeitzentrum E-Werk. Und wenn man davorsteht, glaubt man es kaum, dass es schon über 32 Jahre auf dem Buckel hat.

Im Laufe der Zeit hat sich einiges verändert. Türen wurden versetzt, Eingänge verlegt, Räume saniert. Und die Zeiten, als Ehrenamtliche die meiste Arbeit schulterten, sind vorbei. Durch 65 feste Arbeitskräfte, elf Azubis, zwei Absolventen eines freiwilligen sozialen Jahres und rund 60 Aushilfskräfte greifen die Rädchen im verzweigten Haus unter der Leitung des langjährigen E-Werk-Geschäftsführers Berndt Urban professionell ineinander. Und das ist nötig, um über 600 Veranstaltungen im Jahr abzuwickeln – von Konzerten über Disco, Workshops und Werkstattangebote bis zum Betrieb von einem Biergarten und 35 Übungsräumen.

Obwohl manche das kreative Chaos der Anfangsjahre vermissen, gibt es weiter Orte, wo es heiß zugeht, wo Überraschungen lauern und Unerhörtes passieren kann – speziell auf der Kellerbühne. Hier brodelt oder vibriert es in allen Schattierungen, ob bei Poetry-Slam, Kabarett, New-Jazz oder multimedialen Experimenten. Der tribünenartige Clubraum mit den engen Sitzgruppen auf schwarz-weißen Bodenfliesen sorgt für eine intime, konzentrierte Atmosphäre, sodass auch bei 20 Zuhörern magische Momente entstehen.

Tagsüber ist die Blackbox ein beliebter Treffpunkt, um zu plaudern, eine Partie Schach zu spielen oder in Ruhe zu lesen. Und ältere Semester erzählen gern vom Jazzclub Pupille und Jugendclub Sesam, die zu den Keimzellen des E-Werks gehörten und Festivals mit sich brachten, bei denen einheimische Größen wie J.B.O oder Fiddler's Green ihre ersten Auftritte hatten.

Adresse Fuchsenwiese 1, 91054 Erlangen-Innenstadt, www.e-werk.de | **ÖPNV** Bus 252, 286, 287, 289, 293, Haltestelle Martin-Luther-Platz | **Tipp** Zwischen E-Werk und Hauptstraße liegt der Altstadtmarkt, wo sich der Ladenmix schon länger wandelt – selbst das Theater hat hier inzwischen einen Stützpunkt.

16 Der Exerzierplatz

Zurück zur fränkischen Naturwüste

Bis weit ins 19. Jahrhundert regierte hier die Natur. Doch dann kamen 1893 die königlich-bayerischen Truppen, und es entstand der Exerzierplatz, aus dem 1945 mit dem Einzug des US-Militärs die Ferris Barracks wurden, die sich 1993 verabschiedeten, wodurch mit einem Schlag die Bahn frei war für umwälzende Veränderungen. In Erlangen entschied man sich für einen geraden Weg, der stadtplanerisch an einen Zwitter aus amerikanisch und markgräflich erinnert und seit 1997 Röthelheimpark genannt wird.

An die Geschichte des Geländes wird schlaglichtartig auf glatten Steinblöcken eingangs des Grünstreifens erinnert, der bei der schnurgeraden Röthelheimallee beginnt. Die Wiese wirkt etwas mickrig, weshalb sie wohl mit einer riesigen Kopfskulptur angereichert wurde. Im Süden mündet das Alibi-Grün jedoch in ein 25 Hektar großes Gebiet, wo wirklich »Zurück zur Natur« angesagt ist und sich eine »fränkische Wüste« ausbreiten darf.

Das bedeutet nicht, dass sich eine riesige Wanderdüne auf den Weg gemacht hat. Zwischen Magerrasen und Hecken gibt es dennoch viele sandige Flächen, wo Silbergras wächst und Überlebenskünstler wie die Sandlaufkäfer herumkrabbeln. Auch Edellibellen mit dem Namen Südliche Mosaikjungfer sind in diesem Biotop zu Hause, während Kreuzkröten in Tümpeln und feuchten Gräben Paarungsgesänge anstimmen.

Allein 380 Pflanzen, 172 Käfer- und 40 Vogelarten sollen im Exerzierplatz-Biotop leben. Durch Tafeln erfährt man genau, was im Naturschutzgebiet so alles kreucht und fleucht. Auf der sandigen Joggingstrecke kann man ergo en passent Wissenswertes aufsammeln. Und manchmal blöken Schafe und meckern Ziegen dazu, weil die Fläche in den Sommermonaten gern von Herden bevölkert wird, die mithelfen, dass die Natur im Gleichgewicht bleibt. Und mittendrin haben sich schon Schulklassen verewigt, wie die 8c des Fridericianums im Juli 2012 mit einem Insektenhotel.

Adresse Exerzierplatz, 91052 Erlangen-Süd | **ÖPNV** Bus 293, Haltestelle Fridericianum | **Tipp** Wer lieber hoch hinauswill, findet auf der Nordseite des Grünzugs bei der Allee am Röthelheimpark einen künstlichen Kletterfelsen des Alpenvereins. Dort lernt man unter fachmännischer Anleitung, wie man nach ganz oben kommt.

17 Das Experimentiertheater

Starker Beifall neben dem Audimax

Bier, Wasser, Cola oder ein Glas Wein? Mit einem Getränk plus Lächeln und Umarmung wird jeder Besucher begrüßt. Das ist doch mal was anderes. Oder gehört die nette Geste zur Inszenierung? Das bleibt offen und soll so bleiben, denn im Experimentiertheater des Lehrstuhls Theater- und Medienwissenschaft kann, darf, ja muss es irgendwie anders ablaufen als in sonstigen Schauspielhäusern. Das hat einmal dazu geführt, dass ein Student 25 Tonnen Sand ins »Ex« kippen ließ. Seitdem ist die Narrenfreiheit ein bisschen kleiner geworden.

Bei dem Stück, das mit dem Getränkewunsch beginnt, sitzt das Publikum frei Schnauze im großen Raum und hört Bekenntnisse von acht jungen Leuten, die am Abend vor der Aufführung angeblich das Konzept über den Haufen warfen und ein Stückwerk abliefern, das zwar multimedial angereichert ist, aber eher einschläfernd als aufregend wirkt.

Wie anders muss das zu der Zeit gewesen sein, als nach 1946 Studenten aller Fakultäten um Hanswalter Gossmann die Studiobühne aufbauten. Anfangs zur Selbstfindung, später als Mittel, um neue Stücke auf die Bühne zu bringen. Das führte zu Provokationen, Internationalen Theaterwochen und Impulsen für den professionellen Bühnenbetrieb. Und der junge Claus Peymann inszenierte 1965 als Gastregisseur die Uraufführung von Hans Henny Jahnns »Straßenecke«.

Der exzellente Ruf der Erlanger Studentenbühne führte immerhin 1968 zum ersten professionell ausgestatteten Theaterraum an einer deutschen Universität. Direkt neben dem Audimax befindet sich die 15 mal 17 Meter große Blackbox im Untergrund der Philosophischen Fakultät. Von 1970 bis 1995 leitete Holger Sandig den Betrieb und erlebte wilde, kreative, lustvolle und streitbare Zeiten mit starkem Beifall und heftigen Buhs. Sein langjähriger Mitstreiter Rainer Lindenmann ist heute noch stolz, dass alle Schützlinge später im Theaterbetrieb untergekommen sind.

Adresse Raum U 1.121, Bismarckstraße 1, 91054 Erlangen-Innenstadt | **ÖPNV** Bus 289, Haltestelle Hindenburgstraße | **Tipp** Nur an der Uni in Regensburg gibt es ein baugleiches Experimentiertheater nach Erlanger Vorbild. Ansonsten gibt es das freie Ensemble der Erlanger Studiobühne weiterhin, es führt Stücke an wechselnden Spielstätten auf.

18 Die Fahrradwerkstatt

Notfallklinik für marode Drahtesel

Ein halbes Dutzend Leichen liegt immer neben dem Eingang. Teilskelettiert, sattellos, einrädrig, platt oder zerbeult, so warten die gebeutelten Drahtesel darauf, wiederbelebt zu werden. Der Ort, wo dies seit 1983 geschieht, ist die Fahrradwerkstatt neben dem E-Werk-Parkplatz. Dienstag bis Samstag öffnet sich meist um 15 Uhr der Sesam zur ehrenamtlich betriebenen Einrichtung. Und um 18 Uhr ist selten Feierabend, weil irgendeiner doch noch was zu schrauben hat.

Werkzeug kann sich jeder ausleihen, sofern er es danach wieder dort reinlegt, wo es vorher war. Da nehmen es die Macher und Hobbymechaniker sehr genau. An der Wand stehen 24 Spielregeln, doch die sind eher was für Insider. Mag der Ton eher rustikal sein: Unter die Arme wird hier jedem gegriffen, der Hilfe benötigt. Denn in der Fahrradstadt Erlangen ist ein funktionierender Drahtesel ein Muss.

Natürlich gibt es von Fahrradkiste bis Freilauf auch professionelle Läden in der Innenstadt. Doch für den schmalen Studentengeldbeutel und für Leute, die schnell mal einen Schlauch oder neue Bremsbacken brauchen, ist die Fahrradwerkstatt ein echter Rettungsanker. Folglich geht es in der grauen Hütte mit Wellblechdach und staubigen Fenstern oft zu wie in einem Taubenschlag.

Diese irre Notfallklinik, wo Reifen, Rahmen, Räder und Speichen in allen Größen auf engstem Raum genau gestapelt sind, könnte so ähnlich auch am Stadtrand von Rijeka oder gar Soweto stehen. Der legendäre Heiner Grillenberger hat sie aufgebaut. Und das witzige Flair ist ein Grund, warum die 25 Leute ihre Drei-Stunden-Schicht so lieben. Verkappte Philosophen wie Manfred mit der grünen Schürze sind ebenso darunter wie Tandemspezialist Lothar. Allesamt Überzeugungstäter mit sozialem Gewissen. Und es ist fraglich, ob es für diese wunderbare Werkstatt wirklich ein anderes Domizil geben muss, über das seit Jahren nachgedacht wird.

Adresse An der Fuchsenwiese neben dem E-Werk, 91054 Erlangen-Innenstadt | **ÖPNV** Bus 202, 283, 286, 287, 289, Haltestelle Martin-Luther-Platz | **Öffnungszeiten** Di, Mi, Fr, Sa 15–18 Uhr, Do 17.30–20.30 Uhr | **Tipp** Nebenan befindet sich ein öffentlicher Bücherschrank mit künstlerisch gestalteter Bank. Und Heiner Grillenbergers mobile Fahrradwerkstatt macht regelmäßig vor dem »CineStar« in der Nürnberger Straße 31 Station.

19 Das fifty fifty

Scharfzüngiges mit Hai-Tech-Flair

Man schrieb das Jahr 1988, als Andreas Büeler alles auf eine Karte setzte. Der gelernte Starkstromelektriker, Rockmusiker, Familienvater und Versicherungsvertreter baute in Sichtweite des Bahnhofs auf die Reste der Stadtmauer ein Haus mit Kleinkunstbühne. Auf die Idee hatte ihn der Erlanger Kabarettist Klaus Karl-Kraus gebracht – und Büeler steckte neben seinem Ersparten auch eine Riesenportion Herzblut in das Podium mit rund 100 Plätzen und anspruchsvoller Kultur. Da die Chancen, ob es klappt, höchstens bei fünfzig zu fünfzig standen, lag der Name auf der Hand: fifty fifty.

Ende 1989 drohte nach der ersten Saison angesichts des saftigen Minus die Pleite, weshalb Büeler den Kurs korrigieren musste. Ein gemeinnütziger Trägerverein wurde gegründet, damit Spenden und Zuschüsse einfließen konnten. Und: Kabarett stand fortan im Mittelpunkt. Seitdem funktioniert es hundertprozentig, abgesehen von einer Krise nach einem Diebstahl anno 2006, die dank einer Spendenaktion der Kulturszene gemeistert wurde.

Heute ist der Impresario mit 65 Jahren auf dem Weg zum dosierten Ruhestand. Aber sichtlich stolz, dass er sie alle auf der Bühne hatte. Von Hildebrandt über Harald Schmidt und Pelzig bis zur jungen Garde.

Seit 2001 ziert ein passendes Wandbild die Hausfassade, auf dem unter anderem Lizzy Aumeier am Kontrabass, ein schief grinsender Bernd Regenauer und der schmunzelnde Fitzgerald Kusz verewigt sind. Das Werk stammt von Thomas Richter, von dem auch die traum- bis märchenhaften Figuren stammen, die auf der Südseite des fifty fifty am Hang stehen.

Während das grellbunte »Komödianten«-Kunstwerk aus Weißblech anfangs bei der Stadt auf heftigen Widerstand stieß, wird es inzwischen allseits geliebt. Ebenso wie innen der silberne »Hai-Tech«-Raubfisch, der unter dem steilen Dach baumelt und seine Runden dreht. So wird ein scharfzüngiges Konzept zum Gesamtkunstwerk.

Adresse Südliche Stadtmauerstraße 1, 91054 Erlangen-Innenstadt | **ÖPNV** Bus 254, Haltestelle Arcaden/Goethestraße | **Tipp** Das Sushi-Restaurant Haru unter dem fifty fifty versorgt nicht nur die Besucher der Kleinkunstbühne mit Essen und Getränken, es ist auch ohne Kabarett einen Besuch wert.

20 Die Fischerei

Schöne Grüße vom Aischgrund

Die Temperatur muss stimmen. Mindestens 20, besser 21 Grad Celsius, sonst könnte es passieren, dass es in zweieinhalb Jahren keine Karpfen bei der Familie Oberle gibt. In einem grünen Brutbecken hängen 2,7 Millionen Eier. Donnerstag sind es Eier, fünf Tage später werden es Fischlarven sein, die in einem speziellen Teich landen, in dem Weizen eingesät ist. Alles muss stimmen, besonders Sauerstoff und Bewegung, was Christoph Oberle, der Chef der Fischzucht Kosbach, offensichtlich traumwandlerisch im Griff hat. Sofern nicht Kormorane und Wetterkapriolen in den nächsten zwei Sommern dazwischenfunken, sollte es also im Herbst 2016 genug von diesem »Naturprodukt« zu essen geben.

Die Fischerei residiert auf dem Hof der Familie Nützel-Oberle, der seit 1650 besteht. Die Nützels waren bis ins 20. Jahrhundert als Bauern tätig, der Einstieg in die Fischzucht erfolgte schrittweise. Ab 1901 kaufte man Teiche und legte Weiher an. Nachdem während des Ersten Weltkriegs der Preis für Fisch extrem angestiegen war, wurde expandiert und 1923 der Weiherhof gebaut. Trotzdem stand man vor und nach dem Zweiten Weltkrieg mehrfach vor dem Aus. Erst Christophs Vater Paul Oberle, der Sohn von Johanna Nützel und Georg Oberle, konnte nach seiner Fischereilehre das Geschäft richtig aufbauen.

Mittlerweile hat der Familienbetrieb 100 Hektar Teichfläche angemietet, wovon sich die Hälfte in Kosbach befindet. Eine Attraktion für Feinschmecker ist der kleine Hofladen, wo es neben verschiedenen Karpfenarten auch Saibling, Schleie, Zander, Barsch, Rotauge, Rotfeder, Wels und Hecht gibt.

Seit 2000 befindet sich im lang gezogenen Seitengebäude ein schmuckes Restaurant, nebenan am Weiher ist 2002 ein kleiner Pavillon entstanden. Bei Hoffesten kann man regelmäßig Blicke hinter die Kulissen werfen. Und der Chef macht allen klar, dass die Deckersweiher bereits zum Aischgrund gehören.

Adresse Am Deckersweiher 24, 91056 Erlangen-Kosbach | **ÖPNV** Bus 287, Haltestelle Kosbach-Karauschenweg | **Öffnungszeiten** Mi 17.30–21 Uhr, Do–So 11.30–14 Uhr und 17.30–21 Uhr | **Tipp** Im Ortsteil Kosbach sind 2002 etliche historische Marterl aufpoliert worden. Und wer die Reste des prähistorischen Kosbacher Altars entdecken möchte, fährt durch den Wald nach Dechsendorf, wo auf halber Strecke ein Weg in den Wald führt (mehr Infos dazu stehen in dem Buch »111 Orte in Mittelfranken, die man gesehen haben muss«).

21 Franconian International School

Weltoffene Komposition in FIS-Dur

Dass hier einiges anders läuft, sieht man schon von draußen. Ein Meer von kleinen Flaggen ziert in Grautönen die Fassade des Gebäudes, das vielfach Einblicke ins Geschehen der Schule und des Kindergartens erlaubt. Besonders auffällig ist dies auf der Seite an der Röthelheimallee, wo im oberen Stockwerk Kuben als gläserne Klassenzimmer herausragen. Das Gefühl des Weltoffenen und Weltumspannenden prägt das Konzept der Franconian International School, kurz FIS genannt. Dazu gehört die Weltsprache Englisch, die zwischen den 2008 errichteten Mauern konsequent gesprochen wird.

Diese Entscheidung hat viel damit zu tun, dass die von einem Verein getragene Einrichtung vor allem von Kindern besucht wird, deren Eltern bei international operierenden Arbeitgebern im Großraum tätig sind. Rund 40 Nationen von Australien über China, Italien und Japan bis zu den USA sind vertreten, etwa 30 Prozent sind Deutsche. Beim Auswahlverfahren spielt der internationale Hintergrund eine wichtige Rolle. Ergo sieht sich die FIS »nicht als Konkurrenz, sondern als Ergänzung« zum bestehenden Bildungssystem.

Im hinteren Stück der Allee am Röthelheimpark hat die FIS, deren Anfänge in Herzogenaurach waren, einen passenden Platz für den Neubau gefunden. Der Kindergarten hat 100 Plätze, und 480 Kinder besuchen die Schule, an der nach Lehrplänen unterrichtet wird, die zum IB führen – dem Internationalen Abitur, zu dessen Verleihung schwarze Roben und spezielle Hüte getragen werden.

Beim Besuch des zweigeschossigen Gebäudes, was bei Festen, Veranstaltungen oder an einem Tag der offenen Tür möglich ist, fallen einem neben den hellen Räumen auch Schlagworte auf, die groß an den Wänden stehen. Wie »tolerance« und »fairness« oder »discovery« im Kindergartenbereich. Sie klingen nach FIS-Dur, passend zum Konzept des Hauses.

Adresse Marie-Curie-Straße 2, 91052 Erlangen-Ost, www.the-fis.de | **ÖPNV** Bus 294, Haltestelle Marie-Curie-Straße | **Tipp** Zwei Querstraßen nördlich, am Ende der Artilleriestraße, residiert die Montessorischule. Ein Besuch des umgebauten Backsteinbaus an einem Tag der offenen Tür lohnt sich.

22 Der Frankenhof

Baden, malen und Zukunftsmusik

Man kann Gift darauf nehmen, dass der Frankenhof heute nicht mehr so gebaut werden würde. Ein städtisches Jugendzentrum mit Hallenbad, Jugendherberge und einem siebenstöckigen Klotz voller multifunktionaler Räume – und das eingezwängt mitten in der Stadt. Ein Wahnsinn! Doch seit über 50 Jahren steht er einen kräftigen Steinwurf von der Henkestraße entfernt. Nicht wenige hielten die Skelettbauten aus Stahlbeton, entworfen von Werner Wirsing und Hans-Georg Schulz, für abbruchreif, doch Totgesagte leben bekanntlich länger.

Das hat zum einen damit zu tun, dass das zwischen 1960 und 1963 errichtete Frankenhof-Ensemble inzwischen unter Denkmalschutz steht. So einfach wird man die Flachdachgebäude nicht los. Zum anderen scheint es so zu sein: Je länger man sich mit der durchaus filigran und gefühlvoll komponierten Architektur beschäftigt, desto lieber scheinen sie auch die Stadträte zu gewinnen.

Zudem ist der Frankenhof unübersehbar ein Lieblingskind des Kultur- und Schulreferenten Dieter Rossmeissl, der zuletzt erfreut zur Kenntnis nahm, dass die absolut dringende Sanierung des Frankenhofs jetzt wirklich über einen Architektenwettbewerb angestoßen wird. Und im Hintergrund steht das Ziel, ein »Haus der kulturellen Bildung« daraus zu machen. Neben der jetzt schon angesiedelten Jugendkunstschule, die regelmäßig für volles Haus und phantasievolle Bilder sorgt, sollen auch die Musikschule, das Deutsch-Französische Institut, die Volkshochschule, mehrere Vereine, ein Kultur-Service-Büro und eine Kindertagesstätte einziehen.

Über 25 Millionen Euro wird das alles kosten. Eine Machbarkeitsstudie hat sich für die Realisierung der Zukunftsmusik ausgesprochen. Fehlt nur noch das Geld. Solange es nicht in Sicht ist, wird zwischen klassisch hellblauen Fliesen geschwommen und zu günstigen Tarifen gesaunt, während das »Youth Hostel« internationales Flair beisteuert. Bis auf Weiteres.

Adresse Südliche Stadtmauerstraße 33/35 und Raumerstraße 6, 91054 Erlangen-Innenstadt | ÖPNV Bus 284, 285, 286, 287, 294, Haltestelle Langemarckplatz | Tipp Das Kitzmann Bräu-Kontor befindet sich gleich daneben in der Südlichen Stadtmauerstraße 25. Ein beliebter Treffpunkt nicht nur für Bier-Fans.

23 Die Hannah-Stockbauer-Halle

Schwimmen wie ein Goldfisch

Als Sportstadt kann Erlangen kaum punkten. Beim Fußball ist man schon ewig viertklassig. Und dass die Studentenkicker mal Weltmeister waren, steht auf keinem Briefkopf. Zu den Randnotizen gehört auch eher die Geburt eines gewissen Lothar Matthäus 1960 in der Erlanger Frauenklinik, der nebenan in Herzogenaurach sein Talent entwickelte und nach seiner Profikarriere zum Stammgast in der Regenbogenpresse wurde. Immerhin gibt es zwei Disziplinen, in denen Erlangen erstklassig ist: Zum einen neuerdings im Handball durch den Aufstieg des HC, was die Stadt aber in die Klemme gebracht hat, weil die Karl-Heinz-Hiersemann-Halle etliche Auflagen nicht erfüllt und über Ersatz nachgedacht werden muss. Zum anderen gehört Erlangen vor allem im Schwimmen seit Langem sogar zur Weltspitze.

Zu verdanken hat Erlangen dies nicht zuletzt dem Besitz einer überdachten 50-Meter-Halle. So kam es, dass etliche Talente den Trainingsort wechselten und für die SSG 81 Erlangen samt ihrer Trainerkoryphäe Roland Böller an den Start gingen. Allen voran die fünffache Weltmeisterin Hannah Stockbauer. So wurde eine Nürnbergerin zum Erlanger Aushängeschild. Und seit 2004 ist nach dem Goldfisch, der sich bei Olympia mit Bronze begnügen musste, sogar die Schwimmhalle auf dem Gelände des Röthelheimbads benannt, das vor der stabilen Holzträger-Konstruktion ein luftiges Tragflügeldach hatte.

Witzigerweise wird man in der Hannah-Stockbauer-Halle nicht von Sportskanonen, sondern von zwei üppigen Nanas im Badeanzug begrüßt. Und wer hier schwimmt, der meint sofort, dass er weicher als anderswo durch die Fluten gleitet. Dass nebenan Dutzende Freizeitkrauler spritzend durch das Becken pflügen, untermauert derweil die Erlanger Schwimmerhochburg. Wobei die echten Schwimmstars in spe kurz vor Badeschluss eintreffen. Um ohne Publikum ihre Bahnen zu ziehen.

Adresse Hartmannstraße 121, 91058 Erlangen-Süd, www.estw.de | **ÖPNV** Bus 293, Haltestelle Röthelheimbad-Ost | **Tipp** In den Sommermonaten lockt gleich nebenan das ehrwürdige Röthelheimbad-Freibad – und das mit vielen Spielattraktionen. Wer aber vom Zehn-Meter-Brett springen will, muss ins Westbad gehen – vorerst allerdings in Nürnberg, weil der Sprungturm im Erlanger »Wester« erst saniert werden muss.

24 Der Himbeerpalast

Zartrote Zentrale mit Berliner Flair

Berlin, Berlin, man denkt an Berlin, wenn man vor dem hellrot verputzten Siemens-Hauptquartier steht. Und das ist kein Zufall, denn der Gebäudekomplex wurde vom Berliner Hausarchitekten des Unternehmens, Hans Hertlein, entworfen. Der von 1948 bis 1953 errichtete Stahlbetonbau hätte so ähnlich in der Berliner Siemensstadt der 1920er Jahre stehen können. Form und Funktion sind gut miteinander verbandelt. Ergo wirkt die zartrote Zentrale trotz ihrer Größe dezent monumental und fast schon sympathisch. Kein Wunder, dass sich damals der Kosename Himbeerpalast schnell einbürgerte.

Heute ist es schwer vorstellbar, dass einmal alle Geschäftsbereiche reingepasst haben. Gegenüber steht der 15-stöckige »Glaspalast«, nebenan schließen sich eine lang gezogene »Banane« und das sogenannte »Kaufhaus« an, während sich um die Ecke moderne Medizintechnikbauten befinden. Rund 25.000 Siemensianer gibt es insgesamt in Erlangen, etwa zehn Prozent davon arbeiten im vier- bis siebenstöckigen Himbeerpalast-Karree mit den markanten Türmen und zwei Innenhöfen.

Wer mal eine Hausführung mitmacht, wird sich wundern, dass sich die Ebene zwei im Erdgeschoss befindet – tja, ganz nach Berliner Vorbild. Und auch der amtierende Vorstandsvorsitzende hat hier ein eigenes Büro. Zimmer 3035, im Halbrundbau, umgeben von Marmorboden, Wendeltreppe und einer Werner-von-Siemens-Büste. Weil der Vorstandsparkplatz gut einsehbar ist, wissen Erlanger schnell, wenn Oberboss Joe Kaeser im Haus ist (was selten der Fall sein soll …).

Auf der Südseite gibt es auch einen großen Vortragssaal, in dem Bilanzen und Theaterstücke präsentiert werden. Eine weitere Bühne befindet sich neben der Bibliothek im Souterrain, die zuletzt während der »Nacht der Wissenschaften« bei Vorführungen wachgeküsst wurde. Man darf gespannt sein, was damit passiert, wenn einmal die Universität in den denkmalgeschützten Himbeerpalast zieht. Frühestens wohl 2022.

Adresse Werner-von-Siemens-Straße 50, 91052 Erlangen-Ost | ÖPNV Bus 286, 287, Haltestelle Siemens-Verwaltung | Tipp Die grandiose Bodenplastik unterhalb des »Glaspalastes« gegenüber, die einen Mikrochip darstellt. Muss man sich mal an einem Tag der offenen Tür von oben anschauen.

25 Der Hühnertod

Ein Hexenhaus für gewisse Stunden

Heute bleibt die Küche kalt, wir gehen in den …? Nicht Wienerwald, auch nicht McDonald's oder Burger King, sondern: in den Hühnertod. So heißt der Ort, der Erlanger Fast-Food-Herzen seit 1966 höherschlagen lässt. Damals hatte der legendäre Erlanger Gastronom Helmut Finarolli die Idee, in einem leicht auf Fachwerk getrimmten Hexenhäuschen Hühner am Spieß zu braten. Und das alles einen Steinwurf von den Resten der Nördlichen Stadtmauer entfernt.

Der Hühnertod, der schon lange als Anhängsel der Nachtschwärmer-Kneipe Smile von Mark Raymond geführt wird, genießt Kultstatus, auch wenn er nicht gerade ein Schmuckstück ist. Schlichtes Ambiente mit schmaler Kühltheke und zeitloser Speisenliste an der Rückwand. Ein Ort ohne Schnickschnack, wo ein sechsteiliges Salatangebot genügen muss.

Es gibt zwar dank Pommes und Calamares ein paar Schnellgericht-Alternativen. Doch der Klassiker war, ist und bleibt ganz klar das halbe Grillhähnchen, das mittags und abends ab 18 Uhr so sicher wie ein Amen im Vaterunser zu bekommen ist. Hungrige Mäuler werden aber auch nach Mitternacht fündig, wenn es im Hühnertod noch lange quicklebendig zugeht. Ohne Berührungsängste stehen dann Jungstudenten und ältere Semester Schlange oder sitzen einträchtig draußen auf regenfesten Bänken, um Fleisch und knusprige Haut von den Hühnerbeinen zu zausen.

Der halbe Giger für 3,20 Euro, das ist ein fairer Preis. Und da die Qualität gleichbleibend okay ist, zieht das Hexenhaus für gewisse Stunden die Hendlfans aus vielen Richtungen an. Und sollte eines Tages die Menschheit komplett zur vegetarischen Ernährung neigen, diesem Unikum werden ein paar Tränen nachgeweint werden. Es hat ja irgendwie längst das Zeug zum Museum, in dem spezielle Essgewohnheiten des späten 20. Jahrhunderts serviert werden. Garniert mit Sprüchen wie: In der Not zum Hühnertod!

Adresse Fuchsengarten 1, 91054 Erlangen-Innenstadt | **ÖPNV** Bus 253, 286, 288, Haltestelle Martin-Luther-Platz | **Öffnungszeiten** täglich circa 12–14 Uhr und circa 18–3 Uhr | **Tipp** Schräg gegenüber steht ein öffentlicher Bücherschrank mit Sitzbank – hier kann man also Schnellimbiss mit Lektüre anreichern.

26 Der Hugo

Ein Hoch auf Planstadt und Hugenotten

Der Hugo ist *der* zentrale Platz von Erlangen. Hier treffen Haupt- und Universitätsstraße zusammen, hier starten und enden alle Busse, hier grüßen Bahnhof und Fußgängerzone um die Ecke. Doch schön schaut der Hugenottenplatz, wie er offiziell heißt, nicht aus. Zu grau, zu funktional. Also bleibt nur ein Ausweg: Man muss den 52 Meter hohen Turm der Hugenottenkirche mit der welschen Haube an der Spitze hochsteigen und den Hugo von oben genießen.

Das geht einfach. Man braucht nur höflich im Pfarramt der evangelisch-reformierten Gemeinde anzuklopfen. Mit dem Schlüsselbund in der Hand geht es zuerst 58 knarzende Schritte hoch zur ersten Tür, danach 77 Stufen bis zum Geläut, wo eine große und zwei kleine Glocken baumeln (die rechte von Weihnachten 1938!). Anschließend weitere 38 schmale Stufen bis zur Turmgalerie und die graue Tür öffnen – schon ist man auf der Aussichtsplattform in vierzig Metern Höhe, und Erlangen liegt einem zu Füßen.

Was für eine Ruhe! Das ist das Erste, was einem auffällt, und dass die Stadt grüner ist, als man unten meint. Dann stechen einem die klaren Linien ins Auge, die vor über 300 Jahren Markgraf Christian Ernst von Brandenburg-Bayreuth mit seiner geradlinigen, rechtwinkligen Vorstellung von einer idealen Barockstadt vorgegeben hatte. Rote Dächer, helle Fassaden, schmale Straßen, eher kleine Häuser, nur Schloss und Kollegienhaus fallen aus dem Raster: Ein in sich geschlossenes Weltbild ist das, was die Erlanger Neustadt, die nach dem verheerenden Brand von 1700 neu entstanden ist, noch heute zu bestimmen scheint.

Der Blick auf den Hugo mit seinen fünf Businseln, vier Wartehäuschen, zehn Bäumen plus Brunnen und Imbissbuden hat etwas Beruhigendes. Die Menschen wuseln wie entspannte Ameisen herum, man spürt viel Gelassenheit. Na denn, ein Hoch auf Planstadt und Hugenotten, deren Eintreffen nach 1685 diese Stadt positiv verändert hat!

Adresse Hugenottenplatz, 91054 Erlangen-Innenstadt, Kontakt zur evangelisch-reformierten Kirchengemeinde, Bahnhofplatz 3, über Tel. 09131/22164 | **ÖPNV** viele Busse halten hier, wie zum Beispiel die Linien 30, 202, 289, 293, Haltestelle Hugenottenplatz | **Tipp** Die Hugenottenkirche wirkt auf den ersten Blick schmucklos, doch die Konzentration auf das Wesentliche gibt dem Oval mit den zwölf Säulen etwas Faszinierendes, zudem ist die Akustik sehr ansprechend. »Hugo« heißt übrigens auch ein regelmäßig erscheinendes Studenten-Magazin.

27 Das Kanapee

Die heimliche Studentenmensa

Der Name ist eine Mogelpackung. Denn Kanapees findet man in dieser labyrinthisch verzweigten Gastwirtschaft nicht. Höchstens drei harte Sofas, auf denen niemand ernsthaft sitzen will. Denn das Kanapee ist wie das Studentenleben: kein Honigschlecken, eher hart, aber herzlich. Deshalb sind hölzerne Stühle, Tische und rustikale Biergartengarnituren angesagt. Und passend zum schlichten Ambiente sind die Preise ausgesprochen geldbeutelfreundlich: Für 4,20 Euro bekommt man eine ordentliche Pizza zum Sattwerden. Kein Wunder, dass das Kanapee den Ruf einer heimlichen Studentenmensa genießt – und das seit locker fünf Jahrzehnten.

Rund 300 Leute finden Platz, was man der Eckhauskneipe von außen nicht zutraut. Das seit 1991 amtierende Pächter-Trio Marko und Jorgos Liapouris sowie Martin Segler hat den Bier- zum wetterfesten Wintergarten gemacht. Und durch täglich wechselnde Aktionen, zu denen der Blue Monday ebenso gehört wie die Bundesligaübertragung am Samstag, ist das Kanapee für Erst- wie höhere Semester zum Wohnzimmer geworden. Und zur Auflockerung kann man zwischendurch im Separee eine Runde Billard, Kicker oder ein Flipper-Spielchen einlegen.

Zwischen alten Blendax- und Brauerei-Werbeschildern aus Blech wechseln die Generationen wie auf Knopfdruck. Und die wenigsten ahnen etwas von der bierfidelen Geschichte des Gebäudes, das 1786 errichtet wurde. Es gehörte zum legendären Erlanger »Brauereiweg«, wo Johann Wörnlein als Erster Bier und Branntwein herstellte. Nach ihm kam Paul Eben, bevor 1858 die Holzberger Bräu den Betrieb übernahm (natürlich samt dem Keller oben am Burgberg) und die Familie hier lange Bier braute.

Als im 20. Jahrhundert der Export sank und die Konkurrenz zunahm, stellte Sohn Christian Holzberger den Brauereibetrieb ein. Wohnungen kamen in die Werkshallen, die Gaststätte blieb bestehen. Tja, das Kanapee scheint unverwüstlich zu sein.

Adresse Neue Straße 50, 91054 Erlangen-Innenstadt | ÖPNV Bus 288, Haltestelle Maximiliansplatz/Kliniken | Öffnungszeiten täglich 18–1 Uhr | Tipp Im Umkreis befindet sich die riesig verzweigte Universitätsklinik. Über die Östliche Stadtmauerstraße kommt man zur Frauenklinik, wo am 16. April 1982 das erste Retortenbaby in Deutschland zur Welt kam – eine vier Meter hohe Paar-Skulptur von Stephan Balkenhol weist an der Ecke zur Universitätsstraße den Weg.

28 Der Kirchner-Garten

Traumhaft verzaubert

Sie empfangen einen mit offenen Armen und viel Hallo. Links der Wächter im Garten Eden, rechts Prometheus, um die Ecke der Mann im Boot und der Friedensbote. Sie scheinen zu sprechen, lautlos natürlich, aber voller Hoffnung und Zuneigung. Auf den ersten Blick wirken die dunklen Gestalten mit den rundlichen Gesichtern und ellenlangen Armen und Beinen leicht naiv. Doch das ist nur der Dreh, um die Besucher zu packen und dann zu verzaubern. Denn eines ist klar: Der Garten mit 18 Bronzegroßplastiken des in Erlangen geborenen Künstlers Heinrich Kirchner (1902–1984) hat etwas Magisches.

Es war eine wunderbare Idee, den alten Obstgarten am Burgberg mit Hauptwerken Kirchners aus den Jahren 1935 bis 1982 anzureichern. Sie wurzelte in der Reihe »Grün in Erlangen« anno 1976. Zu Kirchners 80. Geburtstag am 12. Mai 1982 wurde Eröffnung gefeiert. Erlangens damaliger Oberbürgermeister Dietmar Hahlweg schaffte es durch diesen Kunst-Kniff, eine Bebauung des Südhangs dauerhaft zu verhindern. Gratulation!

Das Verblüffende am Kirchner-Skulpturengarten ist seine Aura. Perfekt sind die Figuren am Hang platziert. Wie angegossen. Und je nach Jahreszeit sind sie mehr oder weniger von Natur umspült und unterschiedlich präsent. So kann man sie stets aufs Neue entdecken: mit fröhlichem Vogelgezwitscher und frischem Grün im Frühjahr, farbenprächtig und von buntem Laub flankiert im Herbst. Mitunter stecken Scherzkekse einer Figur auch Äpfel zwischen die Finger und einen auf den Kopf. Besonders poetisch kann es im Winter werden, wenn Schnee und Frost die Wächter, Verkünder, Schreitenden oder Sitzenden mit weißen Hauben und Eiszapfen verzieren.

Für viele sind Kirchners Skulpturen so etwas wie Freunde geworden. »Wanderer – Er sieht das helle Licht«, steht ganz oben auf dem Sockel einer Riesenfigur. Mit hocherhobener Hand winkt sie nach unten. Ein ewiger Gruß an die Stadt.

Adresse im Burgberggarten, 91054 Erlangen-Burgberg | **ÖPNV** Bus 288, 289, Haltestelle Essenbacher Weg | **Tipp** Führungen durch den Kirchner-Garten können über die Tourist-Information Erlangen unter Tel. 09131/89510 gebucht werden. Für alle, die etwas über die Welt der Bienen erfahren wollen: Oberhalb der Burgbergstraße befindet sich das Bayerische Landesamt für Bienenzucht.

29 Das Lamm

Das Schuhschachtelkino lebt!

Schmal und schlauchig ist der Gang zum Lamm. Und am Ende leuchten einem »Lichtspiele« in schwungvollen Lettern entgegen. Ein klares Signal, dass es dieses Kino schon länger gibt. Genau seit dem 27. September 1919, nachdem die Nürnberger Kinobetreiberfamilie Heydecker im Pferdestall des Gasthofs Weißes Lamm die »Kammer-Lichtspiele« eingerichtet hatte. Nach mehreren Inhaberwechseln kam im November 1924 das Lamm in den Namen des Kinos, das derzeit das älteste der Stadt ist, das überlebt hat.

Der entscheidende Neuansatz kam 1998. Nach dem Ufa-Abgang übernahm mit Peter Zwingmann ein Cineast das Haus. Seitdem regiert in den zwei Sälen mit 117 und 55 Plätzen die Filmkunst. Das heißt: europäische Filme der anspruchsvollen Art statt Hollywood-Blockbuster. Zur Belohnung wird das Lamm seit 2000 alljährlich mit bayerischen und deutschen Preisen ausgezeichnet.

Das Konzept läuft inzwischen so gut, dass 2007 als zweites Standbein das Manhattan-Kino gegenüber den Erlanger Arcaden hinzukommen konnte, das der Nürnberger Cinecittà-Chef Wolfram Weber abgab. Folglich kann Zwingmann dem CineStar-Multiplexpalast an der Nürnberger Straße etwas mehr Paroli bieten. Dass dies klappt, hat auch mit dem Engagement des Fördervereins zu tun, der sich unter dem Motto »Das Lamm muss laufen!« für »Qualität und Vielfalt im Kino« einsetzt. Regelmäßig werden Regisseure und Schauspieler zu Gesprächen eingeladen, und im Sommer hilft man bei der Organisation der Freiluftfilmfestivals bei der historischen Bleiche an der Schwabachanlage.

Qualität ist entscheidend, weshalb 2012 über 172 Stuhlpaten neues Sitzmobiliar finanziert wurde. Ansonsten sorgen spezielle Reihen und Sonderveranstaltungen (wie der Comic-Salon), die beliebten Kurzfilme, der museale Eingangsbereich und nebenan das kleine, dezent auf modern getrimmte Café dafür, dass dieses wunderbare Schuhschachtelkino lebt. Hoffentlich noch lange!

Adresse Hauptstraße 86, 91054 Erlangen-Innenstadt, www.lamm-lichtspiele.de | ÖPNV Bus 283, 287, 289, 293, Haltestelle Altstadtmarkt | Tipp Nicht weit weg, in der Hauptstraße 72, befindet sich die Neue Galerie des Kunstvereins Erlangen e. V., wo interessante Einzel- und Gruppenausstellungen präsentiert werden.

30 Der Lorlebergplatz

Runde Sache mit Nebenrolle für den Kaiser

Er sollte eine runde Sache werden. Nachdem ab 1890 ringsherum stattliche Häuser entstanden waren, erfolgte 1897 die Gestaltung des großen Rondells am Ende der Universitätsstraße. Ein elf Meter hoher Obelisk zu Ehren von Kaiser Wilhelm I. wurde in der Mitte der Fläche verankert, die Kaiserplatz getauft wurde. Am Obelisk angebracht waren vier Bronzereliefs, die man 1942 abnahm und für Waffen einschmolz.

Das Ende des Zweiten Weltkriegs sorgte für gravierende Veränderungen. Zur Erinnerung an Oberstleutnant Werner Lorleberg, der Erlangen vor einer größeren Zerstörung bewahrte, indem er die Stadt am 16. April 1945 kampflos an die USA übergab, wurde das Areal im November 1945 nach ihm benannt. Ein gutes halbes Jahr danach verschwand der Obelisk – und das führt seitdem immer wieder zu Diskussionen über die Frage, was mit der Mitte des Platzes passieren soll. 1999 stand sogar ein bunter Obelisk zur Abstimmung – die Bürger lehnten ihn ab. 2006 durfte der Nürnberger Kunstakademieprofessor Ottmar Hörl temporär ein Gewächshaus aufstellen, doch auf den Stein der Weisen und die Umsetzung eines Gestaltungswettbewerbs wartet man weiter. So dürfen zwischen Rasen und akkurat geschnittenem Heckenring mitunter exotische Blumen an exponierter Stelle blühen.

Eine Tafel erinnert an Lorleberg und seine Entscheidung, die er mit dem Leben bezahlte. Seinen Namen tragen ein Restaurant und der »Lorlebäck«, neben dem der Kaiser Wilhelm in Form einer Gaststätte eine Nebenrolle spielt. Gegenüber der Schnitzelhochburg gibt es auch ein irisches Pub, flankiert von Kopierladen, Friseur, Kosmetiksalon und der Mohren-Apotheke, die 1907 per Losentscheid hierherziehen durfte.

Ein Fall für sich ist übrigens die Verkehrsregelung: Da das Rondell als Stadtplatz und nicht als Kreisverkehr ausgewiesen ist, gilt hier rechts vor links. Das wissen vor allem viele Radfahrer nicht, aber die haben in Erlangen ja eh immer Vorfahrt.

Adresse Lorlebergplatz, 91054 Erlangen-Innenstadt | ÖPNV Bus 289, 293, Haltestelle Lorlebergplatz | Tipp Einen Steinwurf südlich gibt es mit dem »Brazil« ein sympathisches Tagescafé, das jede Menge Zeitschriften und Zeitungen bietet. Und abends winkt schräg gegenüber die Kneipe »Murphy's Law«, die nicht nur bei Fußballfans und Juristen mit Hang zum Fatalismus beliebt ist.

31 Das MedMuseum

Meilensteine von Reiniger bis Healthcare

Am Anfang war der Zahnschmerz. Wer das nicht glaubt, muss bei Werner von Siemens genauer hinschauen oder besser: zuhören. Aus einem Minilautsprecher erfährt man die Geschichte aus dem Jahr 1844, als Werner, der Forscher, seinen Bruder Friedrich mit elektrischem Strom kurieren wollte. Ziemlich irre, wie nach dem Prinzip der Voltainduktion der schmerzende Zahn mit Strom bombardiert wurde. Da der Patient zumindest temporär Linderung verspürte, war das Experiment ein wichtiger Schritt zur Erfindung der Reizstromtherapie.

Die Geschichte der Medizintechnik wird hier aus der Perspektive von Siemens erzählt. Und das multimedial angereichert mit Schautafeln und Hörstationen, Büsten, Bildern und Originalgeräten. Der Weltkonzern hat 2014 im Erdgeschoss des denkmalgeschützten Klinkerbaus, wo ab 1892 mit den Vereinigten Physikalisch-Medizinischen Werkstätten Reiniger, Gebbert und Schall (RGS) der in den 1920er Jahren sukzessive übernommene Vorläufer der Siemens Medizintechnik residierte, das modern gestylte MedMuseum eingerichtet. Und der angehängte Betonkubus mit der rostig-markanten Cortenstahlfassade zeigt auch optisch Kante im »Museumswinkel«, den die Stadt Erlangen 2000 von der Siemens AG gestiftet bekam.

Innen werden medizinische Meilensteine präsentiert: in Etappen, im Zeitraffer und mit wichtigen Köpfen, wie dem Röntgenpionier Friedrich Dessauer. Im Vorübergehen wird der Wandel von RGS zu SHC (= Siemens Healthcare) dokumentiert. Und das Spannungsfeld »Fluch und Segen der Technik« wird nicht ausgespart – gerade beim Thema radioaktive Strahlen. Ansonsten begegnet man Magnetresonanztomo- und Elektroenzephalografen, skurrilen Herzschrittmachern, Hörgeräten und Zahnarztstühlen im Wandel der Zeit. Nicht zu vergessen ein längst ausrangiertes Gerät: der legendäre »Pantostat« von 1920, der explizit für die Reizstromtherapie gedacht war.

Adresse Gebbertstraße 1, 91052 Erlangen-Süd | ÖPNV Bus 209, 285, 293, Haltestelle Zollhaus | Öffnungszeiten Di–Fr 10–17 Uhr, Sa 11–19 Uhr, der Eintritt ist frei | Tipp Im denkmalgeschützten Gebäude befindet sich außer dem städtischen Kulturreferat auch ein multikultureller Mix aus Vereinen und Initiativen sowie das Erlanger Stadtarchiv – diese Nutzung für 30 Jahre war eine Auflage von Siemens.

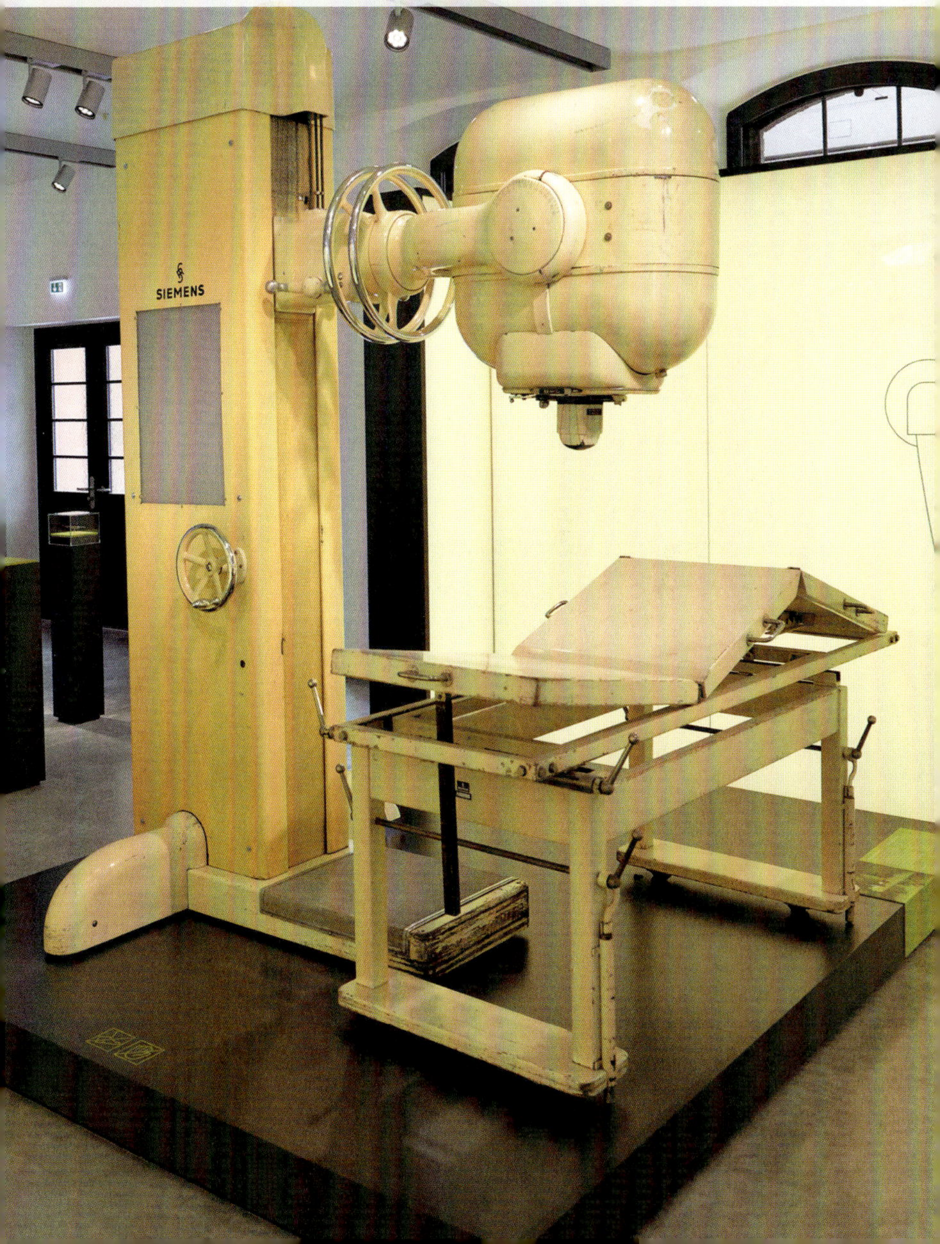

32 Der Meilwald

Verschlungene Pfade rund um das Café Hühnerstall

Der Meilwald ist das Erlanger Eldorado für alle, die mal schnell ein paar Schritte im Grünen machen wollen. Neben dem Burgberg geht es rein, und man findet ein unglaublich dichtes, in sich verschlungenes und gut beschildertes Wegenetz, das viele Formen der nicht motorisierten Bewegung erlaubt. So begegnet man entspannten Radlern ebenso wie sportlichen Mountainbikern, einzelne Feierabendjogger sind ebenso unterwegs wie Nordic-Walking-Cliquen und ambitionierte Laufgruppen. Und zwischen den vielen Pfaden gibt es Reitwege und sogar einen Trimm-dich-Pfad, der auch nach gut vier Jahrzehnten noch einigermaßen in Schuss ist.

Der Meilwald ist außerdem ein guter Ausgangspunkt für Wanderungen. Mehrere markierte Rundwege führen in die nähere Umgebung, wo man über Sieglitzhof, Spardorf und Atzelshof ein, zwei Stunden spazieren gehen kann. Die längste Route führt auf 82 Kilometern Länge via blaues Kreuz bis nach Bayreuth. Sehr professionell markiert, da kann nichts schiefgehen.

Dass es ab und zu knallt, sollte nicht weiter beunruhigen. Es kommt vom ehrwürdigen Waldschießhaus, das samt Schießplatz mitten im Meilwald liegt. Gleich daneben befindet sich eine abenteuerliche Jugendfarm, die auf eine 1973 gegründete Elterninitiative zurückgeht. Zwischen Reit- und Tarzanbahn locken kreative Spielplätze, Ferienaktionen und nicht zuletzt das tierische Café Hühnerstall. Mehrere Generationen Stadtkinder haben auf der Modellanlage für ganz Bayern, die von einem Verein getragen wird, spielerisch gelernt, wie man Feuer macht, Ställe ausmistet und sich im Wald daheim fühlt.

Der Name wird übrigens auf zwei Quader zurückgeführt, die den Wald begrenzen. Obwohl er durch Waldkrankenhaus, Wohnstift und Siedlungsprojekte mehrfach beschnitten wurde: Die Erlanger Stadtväter haben ihn nie hergegeben. Und heute noch wird hier gern gefeiert, nur das große Meilwaldfest gibt es leider nicht mehr.

Adresse der Meilwald liegt oberhalb der Spardorfer Straße, die Jugendfarm hat die Adresse Spardorfer Straße 82, 91054 Erlangen-Burgberg | ÖPNV Bus 288, 289, Haltestelle Adalbert-Stifter-Straße | Tipp Die Kunst des Bogenschießens kann man auf der Anlage neben dem Waldschießhaus beobachten – und das ohne lauten Knall!

33 Die Neischl-Höhle

Tropfsteine mit Bären im Botanischen Garten

Seit 185 Jahren gibt es den Botanischen Garten, der zu den Lieblingsorten vieler Erlanger gehört. Eine Runde durch die Gewächshäuser und Hallen sowie das Flanieren vorbei an Beeten, Baumpfaden und Pflanzen aus aller Welt gehört zu den Ritualen, die allseits gepflegt werden. Und da die Anlage zentral liegt und direkt an den Schlossgarten grenzt, schaut man immer wieder mal spontan vorbei. Dennoch ist es gut möglich, dass eine spezielle, etwas versteckt gelegene Attraktion des Botanischen Gartens von so manchen unentdeckt geblieben ist, zumal sie nur in der wärmeren Jahreszeit jeden Sonntag ab 14 Uhr zwei Stunden geöffnet ist: die Neischl-Höhle, die der Forscher Adalbert Neischl der Erlanger Universität am 4. November 1907 zum 164. Gründungsjubiläum schenkte.

Das Irre daran ist: Es handelt sich um den Nachbau eines geologischen Schichtenmodells des Frankenjura samt Tropfsteinhöhle, den Neischl anno 1906 für die Bayerische Landesausstellung in Nürnberg konstruiert hatte. Dort stieß das Modell im Maßstab 1:100 auf so großes Interesse, dass Neischl das Ergebnis seiner naturwissenschaftlichen Forschungen danach auf eigene Kosten im Erlanger Botanischen Garten aufbaute.

Im Laufe der Zeit zerfiel die Holzkonstruktion aber, weshalb eine stützende Betondecke eingebaut werden musste. Trotzdem wurde die Präsentation immer problematischer, weshalb 2005 ein Neuansatz notwendig war. Der Freundeskreis Botanischer Garten Erlangen übernahm für 30 Jahre das Baudenkmal und brachte 250.000 Euro für eine umfassende Sanierung zusammen.

Seit 2007 ist die Neischl-Höhle wieder temporär zugänglich, 2008 erhielt das Projekt den Bayerischen Denkmalpflegepreis. Durch effektvolle Beleuchtung und ein feuchtkühles Klima wirkt die Höhle erstaunlich realistisch. Zuletzt kam durch ein Kunstprojekt des Bildhauers Christian Rösner eine kleine Bärenhöhle hinzu. Bezaubernd!

Adresse Loschgestraße 1, 91054 Erlangen-Innenstadt | ÖPNV Bus 288, Haltestelle Maximiliansplatz | Öffnungszeiten April – Sept. jeden So 14 – 16 Uhr | Tipp Eine mehr oder weniger kleine Runde durch den Botanischen Garten lohnt sich immer.

34 Die Orangerie

Gewächshaus für gewisse Momente

Man könnte reinbeißen, so kräftig ist das Orange, wenn die Sonne die Fassade anstrahlt. Dann entwickelt der Halbovalbau mit dem rötlichen Mansardendach und dem Doppelsäulenportal eine unheimliche Anziehungskraft. Man möchte sich auf dem kleinen Rasenstück in einen Liegestuhl setzen und ganz langsam einsaugen lassen. Ja, diese Orangerie, die vergess ich nie.

Alle Jahre wieder glänzt der Prachtbau am nordwestlichen Eingang des Schlossgartens ganz besonders, wenn im Spätsommer beim Poetenfest vor den blendend weißen Wänden eine ellenlange Tafel aufgebaut wird. Auf dass sich hochkarätige Geisteswissenschaftler und hochdekorierte Literaturkritiker über ein hochgestochenes Thema unterhalten. Ein Genuss für mindestens eine halbe Stunde, wofür das um 1705 errichtete Barockjuwel einen perfekten Rahmen abgibt.

Gebaut wurde die Orangerie damals zur Überwinterung tropischer Pflanzen. Ein nobles Gewächshaus, das zur Erlanger Residenz der Bayreuther Markgräfinnen gehörte, die in Erlangen ihren Witwensitz hatten. Nach 1755 wurde die Orangenzucht nach Bayreuth verlegt – und nach dem Hofstaat zog 1818 die Universität ein. Zunächst die Anatomie, dann die Pharmazie. 1898 sollte die Orangerie abgerissen werden, doch die Bevölkerung ging auf die Barrikaden, sodass 1899 die Generalsanierung folgte. Danach zog das Institut für Kirchenmusik ein, das heute noch samt der Kunstgeschichte hier residiert.

Die Orangerie, die nie den geplanten Zwilling auf der anderen Seite des prächtigen Hugenottenbrunnens erhielt, machte lange eine gute Figur. Doch dann bröselte es von der Decke, zogen sich Risse durch die Wände und kroch der Hausschwamm durch die Balken, weshalb 2009 eine dreijährige Sanierung folgte, finanziert durch Spenden. Fast zehn Millionen Euro hat am Ende die Chose gekostet, doch es hat sich gelohnt! Ob beim Schlossgartenball, Poetenfest oder am Tag des offenen Denkmals: Dieses Orange ist eine Schau!

Adresse Schlossgarten 1, 91054 Erlangen-Innenstadt | ÖPNV Bus 205, 283, 287, 289, 293, Haltestelle Altstadtmarkt | Tipp Den Wassersaal in der Orangerie kann man samstags für Trauungen, ansonsten auch für Empfänge, Konzerte oder Ausstellungen mieten. Ein herrlicher Rahmen für ganz besondere Anlässe.

35 Der Paulibrunnen

Plätschernder Blickfang mit Campo-Flair

Es riecht lecker, wenn man samstags über den Schlossplatz geht. Nach Basilikum, frischen Rosen, auch Käse, Oliven und Crêpes sorgen für würzige Duftnoten. Und weil deutlich mehr Händler als an anderen Tagen da sind, geht es richtig voll und bunt zu – fast wie auf dem Campo de' Fiori in Rom. Man trifft sich hier, weil alle hingehen. Nachbarn, Freunde, Geschäftskollegen und alte Schulfreunde. Man ratscht miteinander, und Gemüsebauern wie die Familie Dummet aus Neunhof freuen sich über gut und gern 90 Prozent Stammgäste.

Bei all dem Treiben an den rot-weiß gestreiften Marktständen kann es passieren, dass man das Plätschern des Brunnens gar nicht mehr wahrnimmt. Derweil gibt es etliche Fontänen bei der Brunnenplastik, die 1889 die Erlanger Kaufmannsfamilie Pauli gestiftet hat und die deshalb Paulibrunnen heißt. Aus Löwenmäulern und Schnauzbartköpfen schießt das Wasser, das mehrfach über den Tellerrand von Schalen und Muscheln läuft, um im hohen Bogen nach unten zu fallen.

Es ist ein schwarz-weiß-grauer Blickfang mit geschwungenen Becken, lebensgroßen Figuren und vielen neobarocken Verzierungen – ergo ein passendes i-Tüpfelchen für den zentralen Marktplatz der barocken Planstadt. Gern sitzt man nach den erledigten Einkäufen hier auf den Stufen, schleckt ein Eis und schaut die zwei in antike Gewänder gehüllten Frauenfiguren an. Es sind »Erlangia«, die Vertreterin der heimischen Industrie und des Gewerbes, und »Alma Mater«, das Aushängeschild der Wissenschaften. Ansonsten sind drei Reliefporträts zu sehen – vom Prinzregenten Luitpold von Bayern sowie von den Markgrafen Christian Ernst, dem Gründer der Erlanger Neustadt, und Alexander, dem Neubegründer der Universität. Das Bürgertum hat damals ein gehöriges Wort bei der Gestaltung mitgesprochen und einen zweiten Entwurf durchgesetzt. Er stammt vom Nürnberger Künstler Friedrich Wanderer.

Adresse Schlossplatz, 91054 Erlangen-Innenstadt | ÖPNV Bus 30, 281, 283, 294, Haltestelle Hugenottenplatz | Tipp Die östliche Hälfte des Schlossplatzes wird nur punktuell bespielt, wie an Fasching und Weihnachten, bei Kulturfesten oder mit dem »Stadtstrand«. Das Markgrafendenkmal vor Ort ist 1843 das erste Standbild in Deutschland gewesen, das einen Universitätsgründer ehrt. Es wurde zum 100-jährigen Bestehen der Friedrich-Alexander-Universität gestiftet.

36 __ Das Pferd

Wink mit dem Milchglas

Wenn man es das erste Mal erblickt, glaubt man an eine Fata Morgana. Das zwingt zum näheren Hinsehen, zum Hingehen, reizt zum Anfassen. Dann legt man die Hand auf den glatten Glaskasten, fährt rauf und runter, rüber und zurück. Man schaut durch die milchigen Scheiben. Und je genauer man hinschaut, desto klarer wird: Man kann diesen Gaul nicht genau erkennen. Es bleibt bei den leicht schemenhaften Umrissen, die einem sagen: Ja, hier steht ein braunes, vielleicht schwarzes Pferd, das lebensecht aussieht, es aber nicht sein kann, weil die gläserne Haube drübergestülpt und montiert ist. Es muss also ein Fake sein, weil kein Lebewesen so lange ohne Sauerstoff bleiben kann. (Es sei denn, es wird von unten versorgt – aber dann würde es doch nicht minutenlang still und starr dastehen … oder?)

Dass dieses Pferd noch immer verblüfft und als soziale Skulptur prächtig funktioniert, spricht für die künstlerische Qualität der Arbeit von Norbert Radermacher, Jahrgang 1953 und Kunstprofessor in Kassel. 2003 ist seine »Arca«-Plastik aus schwarzem Kunststoff plus Kasten aus satiniertem Glas leicht schräg auf dem Pflaster vor den roten Artilleriekasernengebäuden aufgestellt worden. Genau in dem Bereich, wo sich einst die Reitställe der Kavallerie befanden.

Das Pferd erinnert an verblichene Zeiten. Nach dem Abzug der US-Truppen anno 1993 sind die schmucken Backsteingebäude anfangs schrittweise, später im Trab und zuletzt im Galopp neu genutzt worden. Die Montessorischule ist schon länger da, ebenso kleine Firmen oder junge Familien in loftähnlichen Domizilen. Und auch die Universität hat sich im Umkreis von Carl-Thiersch-, Konrad-Zuse- und Paul-Gordan-Straße mit Lehrstühlen und Einrichtungen angesiedelt. Angewandte Geologie, Sensorik, Umweltverfahren und Recycling sowie das Tumorzentrum sind darunter. Und die Leute mögen das tierische Kunstwerk. Es gehört einfach hierher.

Adresse Ludwig-Feuerbach-Platz, 91052 Erlangen-Ost | **ÖPNV** Bus 208, 209, 285, Haltestelle Berufsschulzentrum | **Tipp** Bei einem Spaziergang durch das Röthelheimpark-Viertel stößt man an etlichen Ecken auf moderne Kunst. Zum Beispiel auf die filigrane, hoch aufragende Stahlskulptur, die leise surrend wie ein Seismograf wirkt – der »Telemann« ist ein Überbleibsel der Freiluft-Werkschau von Paul Fuchs anno 2012/13.

37 Die Pinnadel

Aufspießer der besonderen Art

Sie sollten nur ein Jahr bleiben, als Erlangen 2002 sein 1.000-jähriges Stadtjubiläum feierte. Zu diesem Anlass entwarf die Künstlerin Isolde Kunath eine überdimensionale Stecknadel mit rotem Kopf und silbernem Speer, die sechzehnfach im Stadtgebiet schräg in den Boden gerammt wurde. Und zwar an Orten, wo sich Geschichtsträchtiges ereignet hatte, was aber nur noch rudimentär bis gar nicht mehr sichtbar ist.

Weil sie dies in Verbindung mit kleinen Tafeln am Boden geändert haben, sind die Kunath'schen Pinnadeln Fingerzeige der besonderen Art geworden. Nach 365 Tagen hatten sie die Einheimischen so innig ins Herz geschlossen, dass sie stehen bleiben durften, um weiter stolpersteinartig verblichene Historie aufzuspießen. Wie beim Nürnberger Tor an der Hauptstraße, das gegen Ende des Zweiten Weltkriegs zerstört und nie mehr aufgebaut wurde. Neben der Nadel wurde es immerhin schemenhaft auf dem Pflaster markiert.

Ein Standort ist auch beim neuen Rathaus, das der Architekt Harald Loebermann entworfen hat, von dem auch die Meistersingerhalle und der Norikus in Nürnberg sowie die beiden Hochhausklötze beim Fürther Hauptbahnhof stammen. Durch die Nadel bekommt man eine Portion Hintergrundwissen zum Rathausplatz – und optisch erfährt der graue Betonbau, in dem sich die viel genutzte Heinrich-Lades-Stadthalle befindet, eine spielerische Aufwertung.

Die Pinnadeln taugen auch als Aufhänger für kleine Schnitzeljagden durch die Stadt. Sie führen in den Schlossgarten, zur Fuchsenwiese oder nach Eltersdorf. Und in der Palmsanlage neben dem Aromagarten macht eine darauf aufmerksam, dass hier einmal zu Ehren des bayerischen Königs eine feudale Brücke stand. Vorbei, dank der Nadeln aber nicht vergessen. Deshalb kann man nur hoffen, dass die Stadt einen Großteil von Isi Kunaths Gesamtkunstwerk möglichst lange stehen lässt – oder wenigstens für ähnlich ansprechenden Ersatz sorgt.

Adresse Rathausplatz, 91054 Erlangen-Innenstadt – eine Karte mit den 16 Standorten (15 in der Innenstadt, einer in Eltersdorf) erhält man im Internet unter der Adresse http://www.hedayati.eu/denkmal%20pinnadel/denkmal_02.htm | Tipp Eine Führung zu diesen besonderen Zeugen der Erlanger Geschichte wird von der Stadt angeboten. Treffpunkt ist bei der Pinnadel am Rathausplatz, Tel. 09131/89510.

38 Das Platenhäuschen

Pilgerstätte für Schöngeister

Er wohnte nur einen Sommer hier. Doch das genügte, um das hübsch auf der Nordseite des Burgbergs versteckte Gartenhaus zu adeln. Die Rede ist von Karl August Georg Maximilian Graf von Platen-Hallermünde, der zu seiner Zeit zur obersten Riege der deutschen Lyriker zählte und sich mit manchen Größen, speziell Heinrich Heine, heftige Dispute lieferte. Geboren 1796 als siebtes Kind eines Oberforstmeisters in Ansbach, begann der 17-Jährige nach dem Besuch der königlich bayerischen Kadettenanstalt Tagebuch zu führen. Nach dem Feldzug gegen Napoleon, den er fern von Kämpfen überlebte, landete von Platen 1819 in Erlangen, um sein Jurastudium fortzusetzen. Doch seine Leidenschaft gehörte längst der Poesie. Erste Gedichte erschienen ab 1820. Wie Goethe, den er 1821 in Jena besuchte, beschäftigte er sich mit persischer Literatur. Und nicht zuletzt sein unverblümter Umgang mit der Homosexualität machte ihn zu einer schillernden Figur, die polarisierte.

Das alles und noch viel mehr erfährt man in der kleinen, feinen Ausstellung im 1757 erbauten Gartenhäuschen, wo von Platen den Sommer 1824 verbrachte. Danach folgte eine produktive Zeit und 1826 der Umzug nach Italien, wo er 1835 in Syrakus starb. In Erlangen erinnerte sich 1925 der örtliche Heimatverein an ihn und errichtete eine Gedenkstätte. Nachdem das Haus 1963 in den Besitz der Stadt Erlangen übergegangen war, dauerte es bis 1977, bis nach der Renovierung mit dem Abbruch des Anbaus eine Ausstellung eingerichtet wurde, die 2007 noch mal verändert wurde.

Hohe Wellen schlug Ende 2008 ein »Bauskandal«, bei dem durch ein Neubauprojekt der Garten des Platenhäuschens attackiert wurde. Sogar das Goethe-Institut ging auf die Barrikaden, während sich ein Initiativkreis um den Literaturprofessor Gunnar Och formierte. Am Schluss musste umgeplant und der Hang teilweise wieder aufgeschüttet werden. Das Platenhäuschen, die Pilgerstätte für Schöngeister, gilt bis auf Weiteres als sakrosankt.

Adresse Burgbergstraße 92a, 91054 Erlangen-Burgberg | **ÖPNV** Bus 289, Haltestelle Waldkrankenhaus | **Öffnungszeiten** Mai–Okt. jeden 1. So 11–17 Uhr, der Eintritt ist frei, Kontakt und Infos über das Stadtarchiv, Tel. 09131/862157; Achtung: Es gibt kaum Parkplätze in der Nähe | **Tipp** Um die Ecke, zwischen Rudelsweiherstraße und Böttigersteig, befindet sich der alte, 1891 eröffnete Israelitische Friedhof.

39__Die Riviera

Sonne, Sand und Seidenbienen

Bei der Riviera denkt man an Sonne, Meer, Palmen und die malerische Küste zwischen La Spezia, Genua und der Côte d'Azur. Dass auch Erlangen eine Riviera besitzt, klingt erst mal nach einem Scherz. Aber es stimmt, es gibt sie – und das seit etwa 200 Jahren. Denn schon im 19. Jahrhundert gingen die Erlanger gern im idyllischen Teil des Schwabachtals zwischen Bürgermeistersteg und Schleifmühlstraße spazieren. Und der Universitätsbibliothekar Otto Mitius soll der Erste gewesen sein, der vom Fußweg unterhalb des Meilwalds so begeistert war, dass er ihn mit der italienischen Riviera verglich.

Das sprach sich herum – und im Laufe der Jahre stifteten betuchte Erlanger sogar gezielt Geld, damit die Promenade ausgebaut und ein Pavillon zum Unterstellen errichtet werden konnte, was beides in den 1930er Jahren geschah. Wiederholt ist der Weg später saniert, mit Schotter befestigt und mit ockerfarbenem Dolomitsand aufpoliert worden. Im großen Stil geschah dies im Sommer 1963, als die Stadt die Sitzbänke ebenfalls aufpolieren ließ.

Der windgeschützte Pfad interessierte mit der Zeit auch Naturschützer und Umweltbehörden. Bei der Inspektion der Riviera fand man rund 90 seltene Pflanzen und Tiere. Dazu zählen Seidenbienen und Zauneidechsen ebenso wie mehrere Heuschrecken- und Schmetterlingsarten. Ergo wurde ab 1999 das Ziel verfolgt, die Riviera dauerhaft zu erhalten. In einer Verordnung vom 7. Januar 2002 ist der Sandmagerrasenbereich unter Naturschutz gestellt worden. Der besondere Lebensraum an den sandigen Schwabachterrassen bleibt somit unantastbar – die Fläche ist Teil der Sand-Achse Franken.

Am Rand des Bürgermeisterstegs befindet sich zudem eine beliebte Grünanlage mit Rodelhügel, Bolz- und Streetballplatz sowie verschiedenen Schaukeln. Und an heißen Tagen kühlen sich die Erlanger gern mal in der Schwabach ab. So hat diese Riviera eigentlich alles, bis auf das Meeresrauschen.

Adresse unter der Ebrardstraße, 91054 Erlangen-Buckenhof | ÖPNV Bus 288, 289, Haltestelle Atzelsberger Steige | Tipp Westlich verläuft die Schwabachanlage, wo immer wieder kleine Theatergruppen gastieren und im Sommer Freiluftkino geboten wird.

40 Die Schiffstraße

Flanieren statt Schippern

Ein Schiff hat hier nie angelegt. Doch weil das Gasthaus bei der Hausnummer 7 »Zum Goldenen Schiff« hieß, nannte man das Sträßchen 1745 zuerst Schifferwirths Gasse und später Schiffgasse. Zur Schiffstraße wurde es erst 1884. Heute steht die Zeile mit den schnuckeligen zweistöckigen Häusern komplett unter Denkmalschutz. Dank vorbildlicher Privatinitiativen (wie bei Nummer 12, preisgekrönt beim bundesweiten Wettbewerb »Das goldene Haus« 1991) und städtischer Maßnahmen (wie dem Umbau zur Spiel- und Wohnstraße mit neuem Pflaster 1985/86) ist der knapp 300 Meter lange Straßenast zu einem richtigen Schmuckstück geworden. Auch wenn die bald 30 Jahre alten Kugelakazien zuletzt zu heftig von der Stadt zurückgeschnitten wurden.

Da sich jede Menge Läden und Lokale im Erdgeschoss befinden, lädt die Schiffstraße zum Flanieren und Hinsetzen ein. Wie ein Lockruf steht eingangs eine strahlend weiße Bank vor dem Eckhaus mit dem Papierladen, in dem ab Mitte des 18. Jahrhunderts der markgräfliche Stallmeister wohnte. Nebenan war der Landvogt daheim, wo seit 1825 die Kammfabrik Bücking angesiedelt ist.

Zu den anderen Fixpunkten gehört heute die Feinkosttheke der »Enoteca«, wo es zudem einen der besten Cappuccinos der Stadt gibt. Zwischen Babykleidung und einer schicken Secondhand-Boutique residiert die kommunale Theaterwerkstatt hinter einem Eisentor, verbunden mit der Anlaufstelle für den Kartenvorverkauf. Neben Silberschmuck, Schuhen und pfiffigen Einrichtungsgegenständen in der »Drehscheibe« begegnet man auch kulinarischer Vielfalt – ob italienisch, argentinisch oder fränkisch. Und während Herzchen auf hölzernen Fensterläden grüßen, hängt im Fenster der »Art-e-Fakt«-Galerie noch das Theaterplakat »Der die Ohrfeigen bekommt« aus dem Jahr 1996. Dazu passt das Skelett, das daneben aus dem Fenster schaut. Da scheint jemand mit einem Hang zu gruseligen Gags zu wohnen.

Adresse die Schiffstraße liegt zwischen Wasserturm- und Engelstraße, 91054 Erlangen-Innenstadt | **ÖPNV** Bus 205, 283, 287, 289, 293, Haltestelle Altstadtmarkt | **Tipp** Es lohnt sich, eine Nachtwächter-Führung durch die Altstadt zu machen. Dabei erfährt man auch noch ein paar Geschichten über die Schiffstraße (Kontakt: www.nachtwaechter-erlangen.de).

41_Die Skateranlage

Paradies unter der Brücke

Die Spuren sind unübersehbar. Schwarz-graue Strichmuster, blank rasierte Kanten und massenhaft Graffiti auf Pfeilern und Wänden. So muss eine Skateranlage aussehen, die 365 Tage im Jahr fast pausenlos in Gebrauch ist. Wie an der Michael-Vogel-Straße unter der Brücke mit den lang gezogenen Betonrippen, die sich die Skateboarder- und BMXer-Szene »nach und nach erkämpft hat«, wie es im Erlanger Kultur- und Freizeitamt heißt, das die Anlage in Kooperation mit dem Jugendamt betreut.

Die Überlegung war schlüssig: Da es eh von oben scheppert, weil ständig Fahrzeuge drüberrauschen, stört es nicht, wenn unten schnelle Räder auf den Boden knallen. Zudem wohnt nebenan niemand, es gibt nur ein paar Firmengebäude, einen Parkplatz und den Zentralfriedhof. Und die Michael-Vogel-Brücke liegt ziemlich ideal an der Schnittstelle, wo sich die (Rad-)Wege in Richtung Bruck, Alterlangen, Büchenbach und Innenstadt kreuzen.

Und das Paradiesische: Durch das weitschweifende Bauwerk ist der Standort äußerst wetter- und sogar winterfest, was ihn von anderen Skateranlagen im Umkreis abhebt. Als Konsequenz gründete sich um 1990 die erste Initiative, die mit selbst gebauten Holzrampen die Fläche besetzte. Nach Demos, Aktionen und Gesprächen lenkte die Stadt ein. Mitte der 90er wurden 21 Stellplätze für die Anlage umgewidmet, die ersten Rampen aus Beton gebaut und Jugendsozialarbeiter integriert.

Tangiert ist von Anfang an der Jugendtreff Omega gewesen, der seit 1990 am Brückenrand in einer roten Box residiert. Die vierte Location des 1976 gegründeten Vereins, der Rockkonzerte, Open-Air-Festivals, Discos und Poetry-Slams veranstaltet. Mit der Skateranlage hat er nichts zu tun. Abgesehen davon, dass es ab und zu Knatsch wegen Scherben gibt, herrscht ein lockeres Nebeneinander. Und wenn der alljährliche Skater-Contest steigt, geht es überall hoch her. Bis 22 Uhr, so lange brennt die Beleuchtung.

Adresse Michael-Vogel-Straße 1, 91052 Erlangen-Anger | **ÖPNV** Bus 284, 285, 294, Haltestelle Zentralfriedhof | **Tipp** Eine Skater-Alternative ist die Anlage beim Jugendhaus West in der Donato-Polli-Straße in Büchenbach – kleiner, aber oho.

42 Der Skulpturenpark Tennenlohe

Fesselnde Früchte eines Festivals

Ein schmaler Engel mit gestutzten Flügeln sitzt auf einem Stein unter einer fünfstämmigen Baumgruppe. Zwei Köpfe mit Kapuze und aufgeschlitzter Brust sind auf einer Stele verbunden. Und auf einem dreieckigen, schroffen Steinblock hängt der silberne Ring einer »Civilisation Clock«, auf der die Zeiger ganz kurz vor zwölf anzeigen. Drei Werke mit viel Symbolkraft, die unter die Haut gehen. Und drei Werke, die zu den rund 25 Exponaten gehören, die den Skulpturenpark Tennenlohe bevölkern. Seit 1996 wächst und gedeiht die Idee der »Fiesta de Arte« auf der Kirchweihwiese hinter dem Weiher, auf die der international tätige Tennenloher Künstler und Galerist Dieter Erhard gekommen war. Zuerst lud er die Künstler ein, was auf Beifall stieß und 1999 zur Gründung des Kunstkreises Tennenlohe führte. So hat man das Konzept weitergesponnen, mit Teilnehmern aus der ganzen Welt, zu denen auch Vertreter von Erlanger Partnerstädten und einheimische Talente gehören.

Eine wichtige Komponente ist das Arbeiten vor Ort. So entsteht Verbundenheit. Der Engel von Igor Tschernoglasow, der zunehmend grünlich zu verwittern beginnt, kam 2008 hinzu; Kazuaki Tanahashis nachdenklich stimmende Zivilisationsuhr ist von 1999. Verbunden mit einem Dankeschön an die Unterstützer wird das Konzept kurz mit »einfach machen und in die Zukunft denken« auf der Tafel erläutert.

Dass Kunst mehr als tausend Worte sagen kann, lehrt die Freiluftschau, die wohlplatziert die Früchte eines gut gepflanzten Festivals zeigt. Für einen Streifzug sollte man sich Zeit nehmen, manches ist nicht gleich zu verstehen. Da liegen ein »Schlafender Hund« oder ein stilisierter Stierkopf am Boden, da baumeln Figuren von einem Baum. Und ganz eng und verzweifelt stehen sich zwei Menschen gegenüber – und die »Umarmung« von Sergio Monterosso fesselt umso heftiger, je länger man sie ansieht.

Adresse Wiese am Weiher, An der Wied, 91058 Erlangen-Tennenlohe | **ÖPNV** Bus 30, 295, Haltestelle Tennenlohe/Heuweg | **Tipp** Der Heimat- und Geschichtsverein Erlangen weist auf die frühere Zollstation gegenüber dem Skulpturenpark Tennenlohe hin, die es von 1386 bis 1811 zwischen Erlangen und Nürnberg gab. Im Schaukasten sind Fotos zu sehen. Zudem wird an der »symbolischen Zollschranke« auf Werke hingewiesen, die der polnische Künstler Tomasz Sobisz im Rahmen der »Fiesta de Arte« zum Grenz-Thema geschaffen hat.

43 Das Stadtmuseum

Auf Spurensuche im Altstädter Rathaus

Katastrophen hat das Altstädter Rathaus einige erlebt. Kaum war es nach dem Dreißigjährigen Krieg wieder aufgebaut worden, lag es 1706 nach dem verheerenden Altstadtbrand in Schutt und Asche. Der dreistöckige Neubau entstand als klassizistisches Adelspalais zwischen 1733 und 1740, verlegt auf die östliche Straßenseite. Da die Räte nur bis 1812 hier tagten, begann eine Zeit der Zwischennutzungen. Mautstelle, Landgericht und Leihhaus, dann von 1921 bis 1945 Volks(bildungs)haus und im Zweiten Weltkrieg Luftschutzbefehlsstelle.

1946/47 zog die Spruchkammer in Sachen Entnazifizierung ein, dann kam Siemens und ab 1964 die heutige Verwendung: als Stadtmuseum. Durch die reiche Vorgeschichte scheint das Haus ideal dafür zu sein, zumal in einem der Gewölbekeller im April 1945 eine bedeutsame Entscheidung für die Stadt getroffen wurde: Durch die frühzeitige bedingungslose Kapitulation blieb Erlangen relativ unbeschadet. Als Folge strömten nach Kriegsende aber so viele Leute in die Hugenottenstadt, dass die Stadt dichtgemacht werden musste – das erfährt man im Stadtmuseum natürlich auch.

Breit ist ansonsten die Palette der Stationen und Schaustücke: Vom 25.000 Jahre alten Steingerät aus einer Spardorfer Lehmgrube über prähistorische Gräberfunde findet man die erste urkundliche Erwähnung der »villa Erlangon« anno 1002. In Vitrinen im Erdgeschoss werden Handwerkskunst, Hugenotten und Industrialisierung aufbereitet, während im Dachgeschoss NS-Zeit, Siemens und Gegenwart auftauchen. Und es hat sich einiges angesammelt, inklusive einem roten Lego-Modell der barocken Planstadt.

Man erfährt vieles, wenn man im verzweigten Haus auf Spurensuche geht. Trotzdem sind es die Sonderausstellungen (wie über Comics, Ersten Weltkrieg oder den Kosbacher Altar), die ins Haus locken. Aber auch die Mitmachaktionen, die Stadtgeschichte für Kinder zum Erlebnis machen.

Adresse Dr.-Martin-Luther-Platz 9, 91054 Erlangen-Innenstadt | **ÖPNV** Bus 286, 287, 288, 289, 293, Haltestelle Dr.-Martin-Luther-Platz | **Öffnungszeiten** Di, Mi, Fr 9–17 Uhr, Do 9–20 Uhr, Sa, So 11–17 Uhr; Infos unter www.erlangen.de/stadtmuseum | **Tipp** Direkt nebenan gibt es etliche museal angehauchte Beispiele der Erlanger Kneipenszene zu besichtigen, wie Papa Joe's, Strohalm, Sorbonne, Mein lieber Schwan und Pleitegeier.

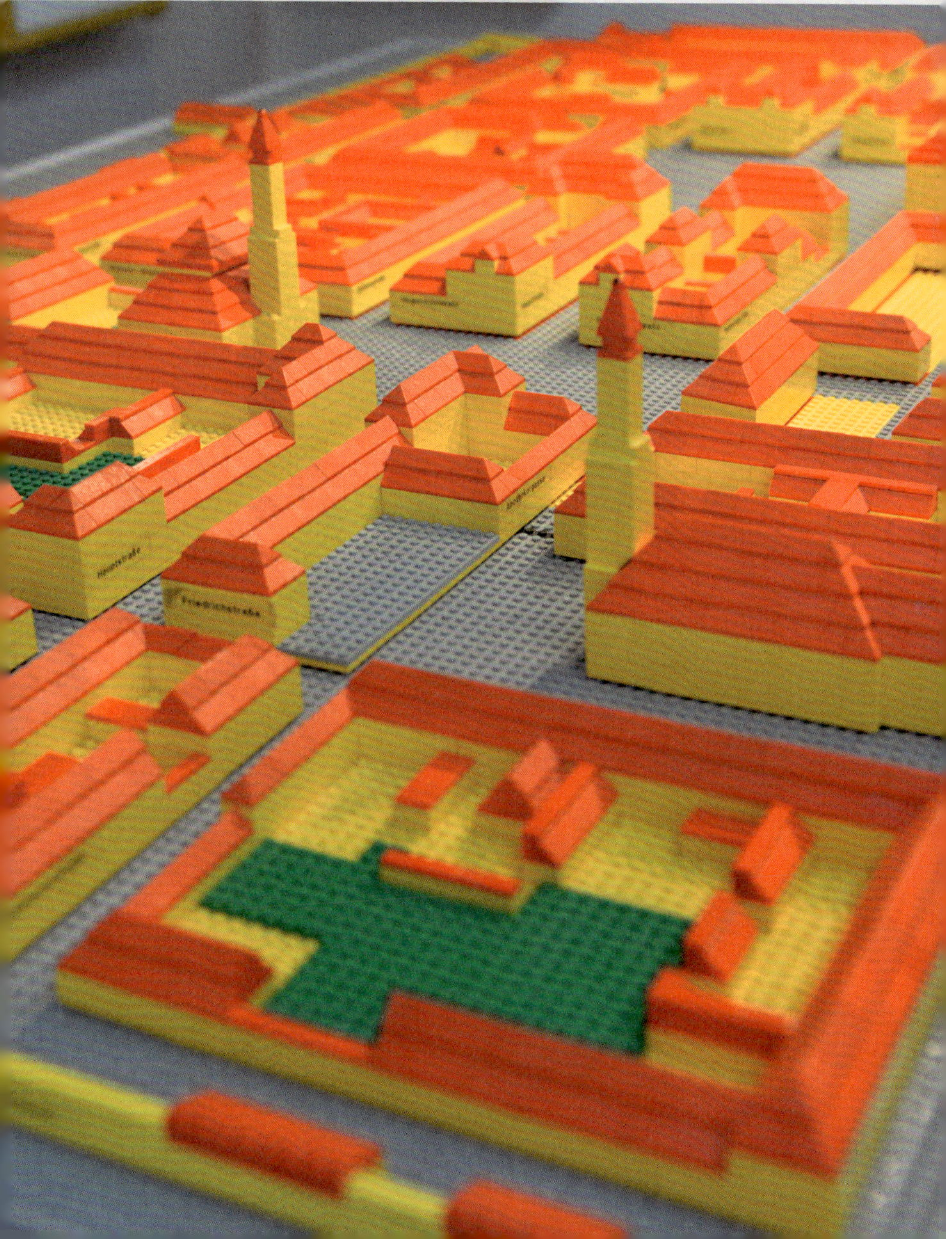

44 Der Strohalm

Rettungsanker im Kellergewölbe

Manchmal braucht man einen Ort, wo man abtauchen kann. Wo kein Autolärm hinkommt, wo die Leute entspannt sind und man sicher sein kann, dass etwas Schönes passiert. Zum Beispiel in Form von echter, ehrlicher Musik, wie sie allabendlich im Kellergewölbe der Hauptstraße 107 geboten wird. So gesehen ist dieser Strohalm tatsächlich einer, an den man sich klammern kann – sozusagen ein Rettungsanker für gewisse Stunden.

Die Anfänge reichen ins Jahr 1953 zurück, als Jazzfans und Studenten einen Club für Musik, Literatur und Theater gründeten, dem Filmstar Elke Sommer, die in Erlangen ihr Abitur gemacht hat, später ein Klavier spendierte. Damals residierte der Strohalm noch im Nachbarkeller, wo später der »Zirkel« zum ersten Disco-Schuppen der Stadt werden sollte. Mit dem Ortswechsel folgte 1982 ein Neustart mit Jazz, Folk, Blues und Country. Nach Pächterwechseln spielte die Livemusik im Vergleich zur Kneipe nur noch die zweite Geige – bis 1991 der Erlanger Folkmusiker Thomas »Wulli« Wullschläger den Laden übernahm und sich das Blatt wendete.

Zuerst trat er solo oder mit Freunden auf, dann erweiterte sich der Kreis der Musiker. Hauptsache, jeden Abend, hautnah und gut. Das sprach sich herum – inzwischen sind berühmte Gitarristen wie Peter Finger und Werner Lämmerhirt oder Größen wie Embryo und die Climax Blues Band zu Besuch gewesen. Und an der Wand grüßt ein pfiffiges Bild samt Ankündigung »Jimmy Hendrix live im Strohalm«.

Trotz aller Erfolge ging es geschäftlich wiederholt auf- und abwärts. Im März 2013 stand »Wulli« vor einem Schuldenberg und der Club vor dem Aus. Was folgte, war eine konzertierte Benefizaktion der fränkischen Musikszene und ein dreieinhalbstündiger Abend in der Hugenottenkirche. Fast tausend Besucher kamen, sangen gemeinsam »Hallelujah« von Leonard Cohen und sorgten dafür, dass die Show im Strohalm weitergehen kann. Einmalig!

Adresse Hauptstraße 107, 91054 Erlangen-Innenstadt, Kontakt über www.strohalm.de | ÖPNV Bus 202, 283, 286, 287, 289, Haltestelle Martin-Luther-Platz | Öffnungszeiten Di, Fr, Sa 20.30–3 Uhr, Mi, Do 19.30–1 Uhr, So 18–1 Uhr | Tipp »Der Zirkel« im Keller nebenan – eine Disco, die noch immer als Studentenclub firmiert und wo sich das Publikum immer wieder verjüngt – geöffnet ab 23 Uhr.

45 Die Techfak

Durchatmen am Roten Platz

Es ist ein Dschungel aus Gebäuden und Lehrstühlen, der sich auf dem Südgelände der Friedrich-Alexander-Universität angesammelt hat. Die Entscheidung, die technischen und naturwissenschaftlichen Studiengänge auszulagern, wurde 1962 getroffen. 1964 folgte die Grundsteinlegung auf der 60 Hektar großen Fläche zwischen Kurt-Schumacher-, Egerland- und Erwin-Rommel-Straße, doch erst 1975 begann der Umzug. Baustellen gibt es bis heute, das neue Chemikum sorgt seit Jahren für Lärm und Umwege – ein Ende ist nicht abzusehen.

Die Techfak, wie die Technische Fakultät kurz heißt, ist eine Betonburg, die in den Wald geklotzt werden durfte, als hierzulande Umweltschutz noch ein Fremdwort war. Sie hat deshalb etwas Abschreckendes, auch innen muss man sich erst akklimatisieren, weil die Masse an Hörsälen, Seminarräumen, Laboren und Fluren erschlagend wirkt.

Es ist ein funktional angelegtes Labyrinth, das Techniker auf dem Reißbrett entworfen haben. Trotzdem gibt es ein paar Gebäude, wo Ausläufer der real existierenden Natur an die grauen Klötze der Wissenschaftler herangewachsen sind. Und es wäre interessant, zu erfahren, wie viele Jahre es dauern würde, bis hier wieder Fauna und Flora regieren würden, wenn sie dürften. In diese Richtung zielt wohl auch der »Schwimmende Stein« von Hermann Kleinknecht, der in einem Tümpel beim Biologikum thront und jüngst von Unbekannten mit einem Stuhl angereichert wurde. Sind viele der über 10.000 Studenten hier samt den Lehrenden reif für die Insel – oder was?

Etwas Raum zum Durchatmen bietet immerhin der Rote Platz. Auf dem freundlich roten Pflaster aus quadratischen Steinen öffnet sich der Campus unter freiem Himmel. Neben Holzbohlen, Mensa, Café und Gitterbänken stehen zwei riesige Stahlkolosse mit roboterartigen Riesenarmen. »Maschinenfiguren«, hat Künstler Joachim Bandau den Blickfang genannt. Natürlich auch mit Hintersinn.

Adresse Erwin-Rommel-Straße 60, 91058 Erlangen-Süd | ÖPNV Bus 287, Haltestelle Technische Fakultät, oder Bus 30/30E, Haltestelle Erlangen-Süd | Tipp Die mahagonibraunen bis froschgrünen, in sich verschachtelten Häuschen des Erwin-Rommel-Wohnheims an der Erwin-Rommel-Straße sind ein architektonischer Lichtblick mit nordischem Flair – gleich neben dem Techfak-Gebäude mit der Mensa gelegen, in der in den 1980er Jahren der legendäre »Techfakfasching« stattfand – anfangs spielte sogar öfters die Spider Murphy Gang.

46__Das Theater

Zwischen Barock und Blackbox

Wohl dem, der so viele Bühnen hat! Beim städtischen Theater sind es vier, die sich auf engem Raum gut ergänzen. Das fängt beim barocken Markgrafentheater an. Ein Haus mit drei Rängen und 570 Plätzen, das im 18. Jahrhundert in zwei Anläufen und mit Hilfe des venezianischen Architekten Giovanni Paolo Gaspari entstanden ist. Viel goldener Zierrat, Pastelltöne und wohlgeformte Weiblichkeit prädestinieren es zur Filmkulisse, wie 1954 beim Wagner'schen »Feuerzauber« oder bei »Farinelli« 40 Jahre später.

Die hohe Kitschquote des Raums färbt nicht auf das von Katja Ott geleitete Ensemble ab. Büchners »Dantons Tod« ist zuletzt präzise, modern und stimmig inszeniert worden. Das Ambiente passt immer, ob bei Stummfilmtagen oder dem Poetenfest. Und beim »Festival des Hörens« 1990 fühlte sich auch der große Komponist John Cage pudelwohl.

Einen heftigen Kontrast dazu setzt die bis zu 90 Besucher fassende Blackbox der Garage. Wo früher Fahrzeuge parkten, nistete sich 1975 eine radikale Off-Bühne ein, die später unter kommunale Fittiche genommen wurde. Lokale Helden wie Winfried Wittkopp sind hier groß geworden. Bei Aufführungen muss man unbedingt rechtzeitig da sein – wer zu spät kommt, hat Pech gehabt. Keiner kommt mehr rein, weil der Eingangsbereich gern mit bespielt wird.

Bei Bedarf gibt es im Gebäudekomplex noch zwei Alternativen: zum einen den Redoutensaal, der flexibel für Musik oder Schauspiel genutzt wird, zum anderen die Theaterkneipe, die allein einen Abend wert ist. Wändefüllend werfen Schwarz-Weiß-Fotos, Kunststücke und Zitate der Marke »Das ist ja wie ein romantischer Exorzismus« oder »Das ist ja wie im Rausch« Schlaglichter auf das literarisch-theatralische Leben in der Hugenottenstadt der letzten Jahrzehnte. Das Vermächtnis des langjährigen Pächters und Autors Habib Bekta pflegt sein Nachfolger Kamal Hadi schön weiter. Zur Freude der Stammgäste.

Adresse Theaterstraße 5, 91054 Erlangen-Innenstadt, Infos unter www.theater-erlangen.de | ÖPNV Bus 205, 283, 287, 289, 293, Haltestelle Altstadtmarkt | Tipp Vor dem Theaterabend ein kleiner Spaziergang durch den Schlossgarten, in der Pause die Schaufenster der hübschen Ladenzeile nebenan betrachten, hinterher in die »Kulisse« gehen, wenn es im Theatercafé zu voll sein sollte.

47 Das Urwildpferdgehege

Fröhliche Huftiere statt rasselnde Panzer

Bis 1993 war es lebensgefährlich, sich im Tennenloher Forst herumzutreiben. Doch dann zogen die US-Truppen ab und mit ihnen die kettenrasselnden Fahrzeuge, die auf dem Truppenübungsplatz einen verblüffenden Effekt hatten: Sie rissen Böden auf, wodurch Sandmagerwiesen entstanden, die für Heidelerche, Sandlaufkäfer oder Blauflügelige Ödlandschrecke ideal waren. Ihr Lebensraum war bedroht, weil die Sandflächen zuzuwachsen drohten. Es musste Ersatz für die Panzer gefunden werden.

Da Amerika das Land der reitenden Cowboys ist, kam irgendwann die Idee auf, auf der 90-Hektar-Fläche einfach Urwildpferde anzusiedeln. Nach der Ausweisung zum Naturschutzgebiet bildeten sich ungewöhnliche Allianzen, sodass 2003 der Startschuss fiel. Auf Initiative des Landschaftspflegeverbands Mittelfranken kooperieren nun Naturschützer der Regierung von Mittelfranken und des Landratsamtes Erlangen-Höchstadt mit der Bundesanstalt für Immobilienaufgaben, der Deutschen Bundesstiftung Umwelt Naturerbe sowie den Tiergärten in Nürnberg und München, die die Przewalski-Pferde beisteuerten. Gelder flossen aus vielen Töpfen von EU über Glücksspirale und den Bayerischen Naturschutzfonds bis zur Deutschen Bahn, die seit 2011 über ökologische Ausgleichsmaßnahmen für den ICE-Ausbau nach Berlin das Gehege unterstützt.

Während nur noch am Westrand mit Graffiti verzierte Betonrampen daran erinnern, dass hier früher US-Panzer herumballerten, tummeln sich im doppelten Gatterzaun neun Urwildpferde. Mit ihren Hufen sorgen sie dafür, dass der Boden offen bleibt. Ins Gehege darf aber nur eine Ziegenherde, Menschen müssen draußen bleiben und unbedingt aufs Füttern verzichten. Die Gebietsbetreuerinnen Verena Fröhlich und Wiebkea Bromisch empfehlen das Mitbringen von Ferngläsern, wenn man die Huftiere beobachten will. Wer dies tut, erkennt schnell: Sie fühlen sich pudelwohl.

Adresse Tennenloher Forst, 91058 Erlangen-Tennenlohe, Parkplatz an der Ecke Weinstraße/Kurt-Schumacher-Straße, wo auch regelmäßig Gruppenführungen beginnen, Kontakt über die Gebietsbetreuung des Landschaftspflegeverbands Mittelfranken, www.wildpferde-tennenlohe.de | **ÖPNV** Bus 295, Haltestelle Böhmlach, aber besser mit dem Fahrrad hinfahren | **Tipp** Kurz vor dem westlichen Zugang befindet sich die Skulptur »Quellstein« des Künstlers Dieter Erhard. Sie ist ein bezaubernder golden glänzender Wink mit dem Zaunpfahl und weist auf das hin, was sich hier verändert hat.

48 Das Walderlebniszentrum

Hölzerne Abenteuer mit Grünspecht und Montezuma

Es riecht verdammt gut hier. Nach Holz, Erde und frischer Luft. Schon deshalb wäre das Walderlebniszentrum in Tennenlohe einen Besuch wert, wie aber eigentlich alle Wälder. Doch die Angst vor dem Waldsterben führte in den 1980er Jahren zu einem erhöhten Bewusstsein für dieses hochempfindliche Ökosystem. Ergo richtete die Bayerische Forstverwaltung auch in Erlangen ein Zentrum ein, das vielfältige Hilfestellungen zum Erleben dieser hölzernen Abenteuerwelt gibt.

In Blockhütten kann man in Geschichte und Gegenwart von Wald und Forstwirtschaft eintauchen. Dazu gehört natürlich der harzige Duft von frisch geschlagenen Baumstämmen, aber ebenso die Grünspechthöhle, der zum Anpflanzen sehr nützliche Hohlspaten oder die schlitzige Borkenkäferfalle zur Schädlingsbekämpfung. Diese und tausend andere Dinge kann man hier kennenlernen, anschauen, in die Hand nehmen, beschnuppern und bestaunen. Und auf Klein und Groß warten immer wieder neue Attraktionen, zuletzt wurde das »Haus der Tiere« mit vielen präparierten Exemplaren umgestaltet.

Das Lokalkolorit kommt nicht zu kurz. Im Peter-Stromeir-Haus werden die hiesigen Wälder aufgeblättert und unter die Lupe genommen. Samt einem Stammschnitt jener uralten Reichswaldeiche, die man 1686 im Gründungsjahr der Erlanger Neustadt gepflanzt hatte. »Christian Erlang«, steht auf der historischen Karte mit Bezug auf den damals regierenden Markgrafen der Hugenottenstadt.

Zwischen Mikroskop und Tastkästen werden spielerisch immer wieder Wissensfragen eingestreut. So erfährt man, dass die Montezuma-Zypresse aus Mexiko mit 11,15 Metern Durchmesser der dickste Baum der Welt ist und dass die Wälder Bayerns zu 80 Prozent aus Buchen bestehen würden, wenn der Mensch nicht eingegriffen hätte. Auf dem 1,2 Kilometer langen Waldlehrpfad wird einem zudem klargemacht, wie gigantisch 113 Meter sind – so groß wie ein Mammutbaum, dem höchsten Baum der Welt.

Adresse Weinstraße 100, 91058 Erlangen-Tennenlohe, Kontakt über Tel. 09131/604640, Parkplätze gibt es direkt nebenan | **ÖPNV** Bus 30, Haltestelle Walderlebniszentrum, oder Bus 295, Haltestelle Böhmlach oder Heuweg | **Tipp** Das Walderlebniszentrum bietet das ganze Jahr über vielfältige Veranstaltungen, in Zusammenarbeit mit dem Landesbund für Vogelschutz gibt es regelmäßig spannende Vogelstimmen-Wanderungen durch den Tennenloher Forst.

49 Der Waltmann

Eine filmreife Käsegeschichte

Die Geschichte ist reif fürs Kino. Sie beginnt 1967, als der Vater von Volker Waltmann zurück in seine Geburtsstadt Erlangen kommt. Er übernimmt die Leitung eines Supermarktes in Bruck, doch aus gesundheitlichen Gründen muss er sich 1982 umorientieren. Die Eltern wechseln in die Innenstadt und eröffnen einen Feinkostladen, der sich auf Rohmilchkäse spezialisiert. Dabei vermitteln sie dem Sohn etwas Wichtiges: »Dass es sich lohnt, etwas zu machen, was sonst keiner macht.« Probieren lassen und aufklären, was hinter den 160 Sorten aus Frankreich steckt, heißt das.

Um 1985 könnte der Filius mit 17 Jahren ins Geschäft einsteigen. Doch er geht raus in die Welt, wie auf die Walz, um mehr über Käse zu erfahren. Zweieinhalb Jahre bei einem Affineur in Freiburg folgen, ohne dass er das Gefühl hat, genug zu wissen. Also hängt er drei Jahre im Elsass bei einem Meister dran, wo er lernt, wie man Käse wäscht, und außerdem 30 Geheimrezepte erfährt. Anfang 1990 kehrt er heim und stellt die Weichen in der Käseecke neu. Dazu gehört das Anmieten des alten Hofbräukellers am Berg mit acht Grad Celsius und 99 Prozent Luftfeuchtigkeit.

Es dauert nicht lange, und die Produkte des Maître Affineur schlagen groß ein. Heute gehört der Fernsehjournalist Ulrich Wickert, den er in Frankreich kennenlernte, ebenso zu den Stammkunden wie der FC Bayern München, der in den Logen der Allianz Arena die Erlanger Käsespezialitäten serviert. Waltmann ist in der Champions League angekommen, auch Nobelhotels und Kreuzfahrtschiffe ordern von den 260 Sorten, zu denen der »Blütenzauber«-Weichkäse ebenso gehört wie der »Vacherin Mont d'Or«.

Inzwischen muss das sinnlich duftende Eldorado für Käsefans auch keine Bergkärwa-Delle mehr befürchten. Unter dem Nachbarhaus konnte ein Keller mit gleichem Klima eingebaut werden. Das Glück des Tüchtigen. Fehlt nur noch die Versöhnung mit dem Vater.

Adresse Friedrichstraße 10, 91054 Erlangen-Innenstadt | ÖPNV Bus 284, 295, Haltstelle Obere Karlstraße | Öffnungszeiten Mo–Fr 8.30–18 Uhr, Sa 8.30–14 Uhr | Tipp Um die Ecke, in der Schuhstraße, liegt die große Universitätsbibliothek. Da findet sich bestimmt auch etwas Erhellendes über Käse.

50 Der Wasserturm

Wächter mit Speicher am Burgberg

Es gibt Leute, die den Wasserturm für den Rest der Erlanger Burg halten. Und das hat damit zu tun, dass die rote Dachspitze in 32 Metern Höhe an einen Wachturm erinnert. Ein Eindruck, der durch die hölzerne Verkleidung der Ausguckfenster und die eckigen Sandsteinmauern verstärkt wird. Dabei handelt es um reine Kosmetik, die sich der Erlanger Magistrat 1905 einfallen ließ, um dem Gebäude den historisierenden Anstrich der Wilhelminischen Zeit zu verpassen.

Der Wasserturm ist nämlich rund. Was man erst bemerkt, wenn man im strahlend weiß getünchten Zylinder steht. Über eine schmucke Wendeltreppe aus Gusseisen und Holz gelangt man 21,30 Meter hoch, wo ein ringförmiger Behälter aus genietetem Stahl installiert ist, der sechs Meter Durchmesser hat, vier Meter hoch ist und 100 Kubikmeter Wasser fasst. Verbunden ist er mit drei Rohren: Zu-, Ableitung und Überlaufrohr, denn der Turm fungiert als Druckmacher in der zentralen Wasserversorgung, die mit dem Bau des ockerfarbenen Wasserwerks nördlich der Dechsendorfer Straße 1891 entstanden ist.

Die Besiedelung des Burgbergs, wo in Wirklichkeit nie eine Burg stand, durch betuchte Kreise hatte den Bau eines Wasserturms notwendig gemacht. Und weil der Wasserbedarf anstieg, kam 1956 neben den Turm ein größerer Speicher. In das seit Kurzem denkmalgeschützte Gebäude mit der himbeerroten Fassade und der schmucken Glasfensterfront passen 4.000 Kubikmeter, aufgeteilt in zwei runde, gleich große Kammern.

Weil die Stahlbetonkonstruktion bald saniert werden muss, planen die Erlanger Stadtwerke einen zusätzlichen Speicher am Berg. Die Optik ist noch offen, doch einen zweiten turmartigen Wächter fürs Wasser wird es sicher nicht geben. Ganz unten hat sich hier übrigens der langjährige Betriebsmaler H. Schubert verewigt, der hier nicht nur den ersten, sondern auch seinen letzten Arbeitstag am 26. Juli 2010 verbracht hat. Respekt!

Adresse Burgbergstraße 90, 91054 Erlangen-Burgberg | **ÖPNV** Bus 289, Haltestelle Waldkrankenhaus | **Öffnungszeiten** Führungen bieten die Stadtwerke an, Kontakt unter Tel. 09131/8234317 bei Michael Stumpf | **Tipp** Unten im Wasserschutzgebiet West, hinter Alterlangen, gibt es einen schönen Naturerlebnispfad mit 20 Stationen. Zudem kann man hier von Mitte Mai bis Mitte September die zehn Möhrendorfer Wasserschöpfräder besichtigen.

51 Die ASV-Holztribüne

Fußballzeitreise in der Magazinstraße

Als das Magazin »11 Freunde« im Mai 2012 die 99 Orte vorstellte, die Fußballfans gesehen haben müssen, war auch Fürth vertreten. Nicht aber der Ronhof, sondern das Stadion an der Magazinstraße schaffte es. Und das dank seines hölzernen Wetterschutzes nach englischem Vorbild, mit einem schräg nach vorne geneigten Dach, von denen in den 1920er Jahren viele errichtet wurden. Überlebt haben wenige – die ASV-Haupttribüne gilt als älteste ihrer Art in Deutschland.

Als das Bauwerk um 1924 errichtet wurde, spielte hier der VfR Fürth, der damals der meisterlichen Spielvereinigung mächtig im Nacken saß. Club, Kleeblatt und FC Bayern gastierten vor bis zu 5000 Zuschauern. Doch als die Nazis 1933 die Gauligen einführten, wurde der VfR herabgestuft, weil nur ein Team aus Fürth erwünscht war. Heute winkt bei Bezirks- oder Kreisligaspielen des heimischen ASV Fürth eine Zeitreise in weniger gestylte Zeiten des Ballsports. Noch immer führt der Haupteingang durch die Sportgaststätte zur Holztribüne, wo absolutes Rauchverbot herrscht, und von dort zum »heiligen« Rasen des A-Platzes. Ältere Herrschaften sitzen an Biertischgarnituren unter Sonnenschirmen, trinken Bohnenkaffee oder a Seidla. Jedes Wort, das auf oder neben dem Spielfeld gesprochen wird, ist zu verstehen. Und wenn jemand die acht Tribünenstufen hochgeht, knarzen die Bretter heftig.

Etwa 50 Leute sitzen in den fünf Bankreihen, alle nach vorne gebeugt – mangels Lehnen. Es ist die Techno-Popmusik, die in der Halbzeit aus den vier sirenenartigen Lautsprechern dringt, die klarmacht, dass wir uns nicht im Jahr 1931 befinden. Der Denkmalschutz sorgt dafür, dass die zuletzt 2006 sanierte Tribüne regelmäßig gestrichen wird. Ihre Geschichte kennen viele der 623 ASV-Mitglieder nicht, die Zukunft liegt aber eh nebenan: beim 2013 gebauten Kunstrasenplatz oder bei der rasanten Rollerskatetruppe des Vereins.

Adresse Magazinstraße 45, 90763 Fürth-Südstadt | ÖPNV Bus 179, Haltestelle Magazinstraße | Tipp Kreative Fassaden mit verwischten Rot-, Violett-, Grau- und Blautönen haben die Turnhalle und das Gebäude der Hans-Böckler-Realschule zwischen Fronmüller- und John-F.-Kennedy-Schule bekommen. Das mutige Konzept stammt von der Künstlerin Elke Haarer.

52 Atzenhof

Neue Heimat für Überflieger

Schafherden sind zwischen Unterfarrnbach und Vach noch immer unterwegs. Insofern wird Atzenhof seinem Namen noch gerecht, wird »atzen« doch mit weiden, füttern und fressen übersetzt. Lange Zeit war das 1314 erstmals erwähnte Dorf landwirtschaftlich geprägt, inklusive Tabakanbau und weißem Sandsteinabbau. Anfang des 20. Jahrhunderts änderte sich das Bild aber radikal: 1916 entstand ein Militärflugplatz, der von 1920 bis 1934 zum ersten internationalen Flughafen Fürth-Nürnberg wurde.

Mit den Flugzeugen kamen stattliche Empfangsgebäude und Flugwerften. Von den Originalbauten ist wenig übrig geblieben. Viel ging kaputt, da die US-Truppen den Airport nach 1945 nicht mehr nutzten. Nach dem Truppenabzug 1992 bekam der Stadtteil ein neues Gesicht aus vielen neuen Bausteinen. An der Atzenhofer Straße begegnet man zuerst dem Golfplatz, den schon die amerikanischen Soldaten nutzten – und der ziemlich abrupt im Grünen endet.

Einige der alten Flugzeughallen, die unter Denkmalschutz stehen, sind erhalten geblieben. In einer stellt die Firma daum electronic Fitnessgeräte her, in einer anderen residiert ein großes Reitsportzentrum. Durch den Einbau von Lofts kam auch Wohnen zum Zuge – und zwischendrin hat der neu gegründete Verein Kleeblatt 99 schöne Fußballplätze bekommen. Dass mit Erlaubnis der Behörden viel verändert werden durfte, hat Kritik hervorgerufen. Trotzdem zieht die Hangar-Architektur samt dem umgebauten Tower viele neue Bewohner und Firmen an. Und passend zur Historie hat der Otto-Lilienthal-Kindergarten einen Doppeldecker als Galionsfigur aufgestellt.

Neben modernen Wohnanlagen und dem lang gezogenen »Solarwall« setzt der gläserne Komplex des Fraunhofer-Insituts ein Ausrufezeichen. Hier werden Produkte durchleuchtet und ein Stück Zukunft gedacht. Dadurch ist Atzenhof, passend zum Titel der Wissenschaftsstadt, eine Heimat für kommende Überflieger.

Adresse Atzenhofer Straße, 90763 Fürth-Atzenhof | ÖPNV Bus 173, Haltestelle Atzenhof oder Atzenhof-Ost | Tipp Atzenhof wird seit 1972 durch den Main-Donau-Kanal in zwei Hälften geteilt – am Ufer entlang kann man bis nach Erlangen radeln.

53 Das Babylon

Die letzte Bastion für Kinofreunde

In der Wirtschaftswunderzeit gab es einmal ein gutes Dutzend Kinos in Fürth. Parklichtspiele, Bambi, Admiral, Hansa, Weltspiegel, Camera, Alhambra und Kristallpalast hießen die wichtigsten, wie man zum Beispiel auf einem Rundgang der Tourist-Information Fürth zu den 1960er Jahren erfahren kann. Sie sind alle verschwunden, zuletzt musste 2013 das ehrwürdige City-Kino der Neuen Mitte weichen. Geblieben ist neben dem Uferpalast-Programmkino im Kulturforum nur das Babylon im Gründerzeithaus am Knick, wo die Königstraße in die Nürnberger Straße übergeht.

Anfangs war hier aber gar kein Kino drin, sondern das Gasthaus »Zum Kronprinz«, aus dem später ein Tanzcafé wurde. Erst 1977 liefen erstmals Filme im sogenannten Kronprinz-Kinocenter, das Josef Kopelent 1990 übernahm. Und er machte daraus das Babylon, wo auf ein anspruchsvolles Programm gesetzt wurde. Trotzdem ging es bergab. Und als 2006 die Pleite bevorstand, übernahmen Christian Ilg und Marcus Bahr das Haus samt Kneipe. In kurzer Zeit haben sie das kränkelnde Babylon aufpoliert. Seit 2008 gab es regelmäßig Auszeichnungen für das »qualitativ herausragende Filmprogramm«.

Inzwischen gehört die letzte Bastion für Kinofreunde mit ihren zwei Sälen der »Gilde der deutschen Filmkunsttheater« und der Gemeinschaft »Europa Cinemas« an. Das spricht für gehobene Qualität und ein gutes Händchen der Macher, die aktuelle Arthouse-Filme immer wieder mit neuen Reihen für Kinder, Senioren, Doku- und Kinoklassiker-Fans anreichern. Wichtige Bestandteile des Erfolgsrezepts sind natürlich auch das gewisse Pariser Boheme-Flair und die Intimität der früheren Schuhschachtelkinos. Trotzdem wirkt das Babylon keineswegs angestaubt, die Bistrokneipe ist ein beliebter Treffpunkt, und der Musikclub im Keller sorgt immer wieder für Leben. Und um die Ecke winken im Café Rodelbahn filmreife Szenen zwischen Bierbänken und Segeltuchliegestühlen.

Adresse Nürnberger Straße 3, 90762 Fürth-Innenstadt | **ÖPNV** U 1, Haltestelle Hauptbahnhof | **Tipp** Ein Baustellenbesuch an der Gebhardtstraße, wo nicht weit vom Hauptbahnhof entfernt der frühere City-Kino-Betreiber Alfred Ach ein Multiplexkino mit sechs Sälen errichten will. Noch ist aber unklar, wann es fertig wird.

54__Die Badstraße 8

Kunst, Idylle und Magie hoch zwei

Manche Orte müssen wachgeküsst werden. Und das kann dauern – wie bei der schönen Baracke an der Badstraße, wo vier Jahrzehnte vergingen, bis es so weit war. Wo sich einst die Wasserratten umzogen, bevor sie ins Flussbad sprangen, warfen 2005 Pläne für die schicke Uferpromenade die Frage auf, was mit dem Relikt passieren sollte, das 1956 durch das Freibad am Scherbsgraben ersetzt worden war.

Was lag näher, als es künstlerisch und gastronomisch zu nutzen? So entstand der Kulturort mit Ateliers und Café, der einen ganz eigenen Charme entwickeln und ein Parkplatzprojekt verhindern sollte. Ein Verein wurde gegründet, den 30 Aktive und reichlich Sympathisanten tragen. Und das Schöne: Alte Verbindungen, wie der Weg über den steilen Mariensteig runter zum Fluss, wurden durch die »Badstraße 8« wieder belebt. Manche Leute rennen trotzdem dran vorbei. Oder trauen sich nicht rein, weil man beim relingartigen Eingang aus Metalldrähten einen kurzen Slalom schaffen muss.

Zum Reiz des verzweigten Holzhauses, das neuerdings wieder ein wetterfestes Dach hat, gehört der besondere Mix aus Kunst, Idylle und Magie, der sich je nach Tages- und Jahreszeit unkalkulierbar ändern kann. Wenn zum Beispiel in fünf Ateliers hoch konzentriert gemalt wird, liegt höchstens Vogelgezwitscher oder leise Musik in der Luft. Abends kann es dagegen laut und wie in einem Bienenstock zugehen, wenn im weiß getünchten Saal eine Rockband loslegt oder eine Vernissage jede Menge Gespräche anheizt.

Wer sich mit hier arbeitenden Künstlerinnen wie Birgit Maria Götz, Susa Schneider, Nicola Gräfe und Kathrin Hausel unterhält, spürt ihre Begeisterung für diesen Ort, wo inspirierend viel im Fluss ist. Er lädt zum Entdecken ein, steht für offenen Austausch und küsst auch Spätberufene wach. Eine romantische Ader hat er auch im kleinen Wintercafé, wo alte Flussbadfotos hängen. Natürlich in Schwarz-Weiß.

Adresse Badstraße 8, 90762 Fürth-Innenstadt, www.badstrasse8.de | **ÖPNV** Bus 172, Haltestelle Hirschenstraße | **Tipp** Der Film »3 Grad kälter« mit Meret Becker aus dem Jahr 2004 lohnt sich schon deshalb, weil die Dreharbeiten unter anderem in der Badstraße 8 stattfanden.

55 Das Berolzheimerianum

Prachtbau für Bildung und Spaß

»Eingang zur öffentlichen Lesehalle«, steht noch immer über der blauen Tür, die in das prächtige Gebäude führt, das 1906 als »Volksbildungsheim« eröffnet wurde. Gestiftet hatte es der Unternehmer Heinrich Berolzheimer, Jahrgang 1836, der als junger Mann den Sprung über den Großen Teich wagte und mit 32 Jahren in New York eine Niederlassung seiner Bleistiftfabrik gründete. In der Metropole lernte er aber auch die öffentlichen Bibliotheken schätzen. Deshalb investierte er nach seiner Rückkehr 223.000 Goldmark, um mit dem Berolzheimerianum ein Pendant in Fürth zu schaffen (ebenso auch in Nürnberg mit dem Luitpoldhaus).

Nach den Plänen des Architekten Otto Holzer ist der Jugendstilbau entstanden, der im Erdgeschoss einen raumgreifenden Lesesaal beherbergte. Neben der Volksbibliothek gab es Kurse, Veranstaltungen und Bildungsangebote für alle Bürger. Nachdem die Bombenschäden im Zweiten Weltkrieg behoben waren, wurde das Haus bis in die 1990er Jahre genutzt. Als die Volksbücherei dann aber in ein Militär-Gebäude an der Fronmüllerstraße in der Südstadt umzog, wurde nach einer anderen Nutzung gesucht.

Der Neuansatz mit den Fürther Vorzeige-Komödianten Volker Heißmann und Martin Rassau kam 1998. Mit den Geschäftspartnern Marcel Gasde und Michael Urban renovierten sie das Haus komplett und richteten die Comödie Fürth ein. Im Obergeschoss erstrahlt seitdem der Saal für gut 400 Besucher in neuem Glanz. Und nicht nur das Betreiber-Duo als »Waltraud und Mariechen«, sondern auch Stars der Kabarettszene sind Stammgäste auf der Bühne.

Eine schöne Geste ist es, dass die Büste des Stifters unten im Foyer vor der riesigen Spiegelwand die Besucher begrüßt. Abgesehen von Spaß, Froh- und Hintersinn wird im Berolzheimerianum auch gefeiert. Nicht zuletzt die Erfolge der Spielvereinigung. Und seit Kurzem gibt es im Erdgeschoss das erste »Grüner-Brauhaus« – eine neue Attraktion für alle. Ganz im Geiste von Heinrich Berolzheimer.

Adresse Theresienstraße 1, 90762 Fürth-Innenstadt; die Comödie Fürth hat ein eigenes Parkhaus hinter dem Berolzheimerianum | **ÖPNV** U 1, Haltestelle Hauptbahnhof | **Tipp** Nebenan, in der Theresienstraße 3, befindet sich das Freiwilligen-Zentrum, die Anlaufstelle für ehrenamtliches Engagement (Kontakt unter Tel. 0911/2174782).

56 Die Billinganlage

Espresso, Schienen und das pralle Leben

»Deutsche Bank«, steht auf einem Schild vor dem Sandsteingebäude. Aber nicht die Filiale eines Geldinstituts, sondern das Espressohaus hat sich im 1902 erbauten Domizil niedergelassen. Geschäftsmann Michael Hößl hatte seinen Laden zuvor vier Jahre auf der anderen Straßenseite gehabt und bei der Suche nach neuen Räumlichkeiten eines Sonntags zufällig das leer stehende Pflasterzollhäuschen entdeckt. Die Steine kamen danach schnell ins Rollen. Und bei der Stadt Fürth ist man froh, dass Hößl mit seinem Meer an Kaffeemaschinen und -bohnen eingezogen ist, verbunden mit einem Tagescafé, vor dem die Holzbank mit dem pfiffigen Schild steht.

Das Espressohaus gibt der lang gezogenen Fläche der Billinganlage zusammen mit der großen Eiche etwas Halt am östlichen Rand. Zwei Dutzend Linden, die langsam größer werden, sorgen zudem für ein paar grüne Akzente. An die Strasserboh, die jahrzehntelang bis Dezember 1998 hier vorbeiratterte, erinnern nur noch schmale Steinbänder, die rötlich die Schienen nachzeichnen. Ansonsten wird die Insel mit der ehemaligen Wendeschleife seit der großen Umgestaltung im Jahr 2008 von einer raumgreifenden Brunnenskulptur geprägt.

Dicke bunte Figuren hat der Chemnitzer Bildhauer Karl-Heinz Richter gestaltet, die nicht gerade den üblichen Schönheitsidealen entsprachen. Deshalb erhitzten sie heftig die Gemüter. Das Plädoyer fürs Pralle und Dralle war manchen zu deftig und wenig kunstvoll ausgefallen. Zumal neben einem Dalmatiner auch ein Schwein zum Ensemble gehörte, was zusätzlich irritierte.

Inzwischen ist Ruhe eingekehrt. Und im Sommer, wenn sie umsprudelt werden, schauen die locker im Raum verteilten Frauen und Herrschaften richtig locker und kommunikativ aus. Außenrum sitzen die Menschen gelassen auf den Stufen des steinernen Halbovals. Die Billinganlage ist ein urbaner Raum, der herrlich zu Fürth passt. Das darf man ruhig laut sagen.

Adresse Billinganlage 1a, 90766 Fürth-Eigenes Heim | **ÖPNV** Bus 172, 175, Haltestelle Billinganlage | **Öffnungszeiten** Espressohaus Mo–Fr 10–18 Uhr und Sa 10–16 Uhr | **Tipp** Neben der Billinganlage, benannt nach einer Fürther Kaufmannsfamilie, gibt es etliche Gaststätten. Besonders schön ist bergauf die »Wolfsschlucht« samt Biergarten auf dem früheren Bergbräu-Gelände.

57 Das Bistro Galerie

Simons Gesamtkunstwerk lebt!

Früher ging man zum Simon. Eine gefühlte Ewigkeit. Doch 2004 dankte der Maestro mit dem Käppi, dessen Nachname keiner kannte, für immer ab, weil die Gesundheit nicht mehr mitspielte. So wurde Simons Bistro zum Bistro Galerie, während mit Michael Niedermeier ein Gastronom die Kneipe übernahm, dem klar war, was er für ein Erbe antritt. Die Kultkneipe mit dem malerisch kleinen Biergarten und der schmalen Stuhlreihe vor der Tür ist ein Gesamtkunstwerk. Gewachsen und gereift über Jahrzehnte, wo man sich eher zu zweit, maximal zu viert verabredet, aber auch mal allein mit einem Buch oder dem Weltschmerz samt einer guten Flasche Rotwein sein kann, angereichert mit drei, vier Tapas und der Chance auf ein gutes Gespräch an der Theke.

Die ambitionierteren Mitglieder der Kultur- und Lebenskünstlerszene haben sich in der Einflugschneise der Gustavstraßenkneipenmeile wie in Montmartre gefühlt. Ähnlich wie ihre Brüder im Geiste aus der »Meisengeige« nebenan in der Ostvorstadt, nur dass hier im Rückgebäude keine Kinofilme laufen. Klar war also, dass viel unantastbar war. Das dunkle Bistromobiliar, die barbusige Madame im Regal hinter dem Tresen oder das Schild vor der Tür. Und natürlich mussten die Wände weiter mit besseren Gemälden aus Fürther Hand gefüllt werden. Wie mit den kraftvollen Kleeblattstadtmotiven von Birgit Maria Götz, die auch dem verblichenen Parkhotel ein schönes Denkmal gesetzt hat.

Wegen der ziemlich nervtötenden Querelen um Lautstärke, Sperrzeiten und Kneipenleben in der Gustavstraße darf es in der Galerie Bistro nur noch beim Klezmer-Festival im Rahmen der »Lokalbühne« Livemusik geben. Als Konsequenz bietet Niedermeier diverse CD-Konserven von einheimischen Bands, angereichert mit literarischen Werken, die auch bei Lesungen serviert werden. Verbunden mit einem roten portugiesischen »Messias« ergibt das die Erkenntnis: Simons Gesamtkunstwerk lebt!

Adresse Gustavstraße 14, 90762 Fürth-Innenstadt | ÖPNV U1, Haltestelle Rathaus | Öffnungszeiten Mo–Sa 18–1 Uhr, Mittagstisch Mo, Mi 11.30–14.30 Uhr | Tipp Ein Häusla weiter vorne gibt es an der Ecke Gustav-/Baldstraße afghanische Küche im Restaurant »Kabuliyan«. Wer es lieber französisch mag, ist im »Lim-Haus« in der Gustavstraße 31 gut aufgehoben, wo es Kurse, Vorträge und Lebensmittel aus der Partnerstadt Limoges und dem Limousin gibt.

58 Der Blaue Affe

Tierischer Klassiker mit Blümchenmuster

Es gibt ihn wirklich, den blauen Affen. Einer steht am Tresen und grinst breit in die Kneipe, die zu den Gastroklassikern der Südstadt zählt. Angesagt sind schlichtes Holzmobiliar, einheimisches Bier und bürgerliches Essen von der handgeschriebenen Tafel, wobei der Schweinebraten mit Kloß als Aushängeschild gilt, und schon immer Blümchentapete.

Die legendäre Wirtin Margarete Derbfuß-Schubert stand 37 Jahre am Zapfhahn. Als sie 1994 in Rente ging, heulten die Stammgäste. Ein Kneipenkollektiv um die blonde Angie Ritter hat den »Affen« übernommen und am bewährten Konzept festgehalten. Folglich dominieren rote Blüten an den grün getünchten Wänden und Lachsrot beim Boden. Und am Schluss wird bei der »Zahlstelle« vorne am Tresen der Bierdeckel vorgezeigt.

Mag das Gasthaus auf den ersten Blick leicht museal wirken, allabendlich geht es quicklebendig zu. Erst recht am 50 Jahre alten Kicker, wo nikotinbraune Ziffern als Spielstandsanzeiger an die gar nicht so fernen Zeiten ohne Rauchverbot erinnern. Noch immer ist der »Affe« eine Hochburg des Tischfußballspiels – und mit fünf Cent ist man ziemlich günstig dabei. Und in den Sommermonaten winkt nach heiß umkämpften Partien eine angenehme Abkühlung auf den zwei Ebenen des schattigen Biergartens, worauf neben der Eingangstür explizit hingewiesen wird.

Reichlich Spekulationen ranken sich noch immer um die Frage, womit eigentlich der Kneipenname zu tun hat. Hoch im Kurs steht die Theorie, dass am Ende der Straße früher einmal eine Flößerstation war, wo Leute anheuerten, die man »Blaue Affen« nannte. Wobei die Bezeichnung durchaus damit zu tun haben kann, dass die Herrschaften ziemlich blau waren – beziehungsweise »einen Affen hatten«, wie man auf Fränkisch sagt. Der blaue Kunststoff-Affe am Tresen stammt übrigens aus einem schnöden Baumarkt, doch es gibt noch andere Modelle. Einen hat ein Stammgast sogar aus Costa Rica mitgebracht.

Adresse Flößaustraße 9, 90763 Fürth-Südstadt | ÖPNV Bus 67, 173, 174, 177, 178, Haltestelle Flößaustraße | Öffnungszeiten täglich 17–1 Uhr, Küche bis 22 Uhr | Tipp Ein paar Schritte weiter geht es über die Austraße runter ins Rednitztal, von wo man beliebig lange Wege spazieren, joggen und radeln kann. Sofern es kein Hochwasser gibt – für den Fall kann man aber auf Holzstegen das Flusstal durchqueren.

59 Die Charly-Mai-Anlage

Abheben wie ein Weltmeister

Bestimmt hat er als Kind mal am Schießanger gekickt. Denn wer in Fürth geboren ist, steht irgendwann mit seinen Kumpels nördlich der Altstadt unten auf der Wiese und rennt einem Ball hinterher. Das wird bei Karl Mai, Jahrgang 1928, auch so gewesen sein, bis er 1942 zur Spielvereinigung ging. Als linker Läufer absolvierte der »Charly« 21 Partien in der deutschen Nationalmannschaft. Und er gehörte 1954 zur Weltmeister-Mannschaft, die das »Wunder von Bern« schaffte.

Dass er 1958 zum FC Bayern München wechselte, nachdem er für die Spielvereinigung 17 Tore in 182 Spielen in der Oberliga Süd erzielt hatte, nahm man ihm nicht krumm. Über Österreich und die Schweiz sowie eine Trainerstation in Ingolstadt kehrte Mai, der zeit seines Lebens als kritischer Kopf bekannt war, Mitte der 1960er in die Kleeblattstadt zurück. Natürlich wurden er und Ehefrau Else gern gesehene Gäste im Ronhof. Und viele Jungs lernten ihn später als Sportlehrer persönlich kennen.

Trotzdem dauerte es nach seinem Tod im März 1993 elf Jahre, bis die Stadt ihrem berühmtesten Kicker ein Denkmal setzte: 2004 wurde die Bezirkssportanlage am Schießanger nach Charly Mai benannt, zudem erinnert in der Fußgängerzone eine Tafel an den Weltmeister von 1954. Am 2007 angelegten »Ehrenweg« ist er zu finden, und 2010 wählten ihn die Fans zum 100-jährigen Bestehen des Sportparks Ronhof in die »Elf des Jahrhunderts der SpVgg«.

Auf der Charly-Mai-Anlage wird tagtäglich Sport getrieben – von Fußball bis Leichtathletik. Und seit Sommer 2013 dürfen auch Akrobaten mit Skateboards und BMX-Rädern weltmeisterlich abheben. Neben der Laufbahn ist dank einer 200.000-Euro-Spende der Carl-Friedrich-Eckart-Stiftung eine professionelle Bahn errichtet worden. Fast zeitgleich begann der Bau einer neuen Sporthalle, womit die Ära der miefigen Umkleidekabinen vorbei ist. Charly Mai wäre sicher begeistert gewesen.

Adresse Kapellenstraße 41, 90762 Fürth-Innenstadt; die Sportanlage wird von der Stadt Fürth betrieben, Tel. 0911/74480100 | **ÖPNV** U1, Bus 172, 175, Haltestelle Stadthalle | **Tipp** Gleich um die Ecke, in der Kapellenstraße 47, befindet sich das Bildungs- und Kulturzentrum Lindenhain, wo es auch viele Freizeitangebote gibt – und beliebte Musikfestivals.

60 Die Direktorenvilla

Im Reich von Heinzelmann und Zauberspiegel

Fast in Lebensgröße steht er im Erdgeschoss. Im Anzug und mit freundlicher Miene, wie sich ältere Semester an »ihren« Max Grundig erinnern. Ein Geschäftsmann, der immer präsent war, vor allem in seinem eigenen Geschäft. Der 1908 in Nürnberg geborene Unternehmer war ein echter Selfmademan, der im November 1930 das Geschäft Radio-Vertrieb Fürth gründete und vom Eckhaus an der Alexanderstraße aus eine Weltmarke aufbaute.

Richtig groß wurde Grundig nach dem Krieg, als er mit dem »Heinzelmann« einen Radiobausatz auf den Markt warf, der ein Renner wurde. Dieses Gerät ist mit vielen anderen Beispielen aus der Pionierzeit von Rundfunk, Hi-Fi und TV im Rundfunkmuseum zu sehen, das nach Anfangsjahren im Burgfarrnbacher Marstall seit 2001 in der »Alten Direktion« residiert. Das vierstöckige Gebäude mit dem Turmzimmer, das nachts blau beleuchtet ist, ist ein ideales Domizil, um alte Röhrenradios von Saba, Graetz & Co. und futuristisch anmutende Fernsehmodelle (wie den Grundig Zauberspiegel GLM 2 Sterne von 1959) zu präsentieren – und das anschaulich und mit vielen zeitgeschichtlichen Informationen.

Beim legendären Wutanfall mit Fernsehrauswurf saß der Chef aber nicht in der Direktorenvilla, sondern war schon in ein Gebäude direkt an der Kurgartenstraße umgezogen, wo das weltweit operierende Elektronikunternehmen immer weiter expandierte. Als Grundig 1984 sein Imperium an den Konkurrenten Philips verkaufte, begann der Niedergang der AG, der 2003 zur Insolvenz führte.

Die Marke gibt es heute noch, doch sie hat nichts mehr mit Fürth zu tun. In den Werkshallen ist die »Uferstadt« entstanden, die viele Hightechfirmen und auch Lehrstühle der Universität Erlangen-Nürnberg beherbergt. Und im Rundfunkmuseum kann man Geburtstag feiern und Evergreens von Elvis, den Beatles und den Stones hören. Der passende Soundtrack zur Ära, als Fürth bei der Unterhaltungselektronik ganz oben mitspielte.

Adresse Kurgartenstraße 37, 90762 Fürth-Innenstadt, www.rundfunkmuseum.fuerth.de | ÖPNV U1, Haltestelle Stadtgrenze | Öffnungszeiten Di–Fr 12–17 Uhr, Sa, So 10–17 Uhr, jeder 1. Do im Monat 12–22 Uhr | Tipp Über den Quellensteg kommt man auf den Pegnitztalweg – wenn man rechts abbiegt, geht es in Richtung »Ostvorstadt«. Ein grünes Schild sagt »Auf Wiedersehen«, bevor man die Kleeblattstadt verlässt und unter dem Frankenschnellweg landet. (Alles über die spezielle A 73-Unterführung erfährt man in dem Band »111 Orte in Nürnberg, die man gesehen haben muss«.)

61 Die Fischtreppe

Spezieller Schleichweg im Rednitztal

Kein Schild, nicht mal ein Wink weist auf diesen Schleichweg im Rednitztal hin. Man muss ihn also entdecken. Am besten geht man bei der Flutbrücke runter auf den Quellenweg, der zum Fürthermare führt. Kurz nachdem es durch die Wiese geht, muss man aufpassen: Ein schmaler Trampelpfad zweigt in beide Richtungen ab – und der linke ist der richtige, um zum »Umgehungsgerinne« zu kommen, wie es im Amtsdeutsch heißt, das eine wichtige Funktion hat: als Fischtreppe.

Zwölf Jahre nach dem Bau der neuen Flutbrücke hat das staatliche Wasserwirtschaftsamt 2007 ein aufwendiges Projekt geschultert. Das Ziel war, die ökologischen Verhältnisse zu verbessern und einen durchgängigen Weg für die Fische zu schaffen. Um das drei Meter hohe Wehr nahe der Würzburger Straße zu vermeiden, musste eine Umleitung gebaut werden. Das hieß: ein 275 Meter langer Bachlauf, der linker Hand über eine Klappe oberhalb der Förstermühle abzweigt und kurz vor der Flutbrücke in den Scherbsgraben mündet. Von dort geht es nach weiteren 650 Metern unterhalb der Dietrich-Bonhoeffer-Brücke zurück in die Rednitz.

Die Fischtreppe hat fünf Schwellen aus Naturstein bekommen, die nach sechseinhalb Jahren richtig eingewachsen sind und natürlich aussehen. Und es gurgelt an den Stufen sogar wie bei einem kleinen Gebirgsbach. Dazwischen kann man jede Menge Fischschwärme sehen, was belegt, dass das von Menschen gemachte Angebot gut angenommen wird. Auf dieser Tour werden Erinnerungen an Zeiten wach, als es in Fürth noch professionelle Fischer gab, woran eigentlich nur noch die Straßenschilder der Oberen und Unteren Fischerstraße in der Altstadt erinnern. Nicht zuletzt die Verlegung der Pegnitz hat ihnen sozusagen das Wasser abgegraben. Ein paar Steinwürfe entfernt, bei der Wolfsgrubermühle, gibt es neben dem Jubiläumshain, der 2007 angelegt wurde, eine weitere Umleitung für Fische.

Adresse beim Quellenweg hinter der Flutbrücke, 90762 Fürth-Innenstadt | **ÖPNV** U1, Haltestelle Stadthalle | **Tipp** Unterhalb der Altstadt, wo früher die Pegnitz vorbeifloss, gibt es ein hübsch saniertes Fischerhäuschen – und kurz oberhalb grüßt die »Stadt Venedig«, eine seit Langem bestehende Szenekneipe, die überlebt hat – im Gegensatz zum »Wassermann«, der der neuen Flutbrücke weichen musste.

62 Die Flussmündung

Wallfahrtsort für Romantiker

Manche kommen gezielt von weit her, um dort Verlobung zu feiern, wo Pegnitz und Rednitz zur Regnitz zusammenfließen. Und in der Tat: Wer nordwestlich unterhalb der Fürther Altstadt an der Flussmündung steht, spürt ganz schnell: Dieser Ort ist prädestiniert für Liebende. Und die alte, breit verzweigte Eiche am linken Rand der Landspitze hat zahllose Pärchen gesehen, die Schulter an Schulter oder Arm in Arm hier dem Wasser nachschauten.

Plätze gibt es an diesem Wallfahrtsort für Romantiker eigentlich genug. Rund dreißig schwere Steinquader parken am Rand. Und wer sich nicht direkt auf die Erde oder ins Gras setzen will, der kann sich auf die lang gezogenen Holzbretter niederlassen, die von der Form her an das Schiffsdeck eines alten Kahns erinnern. Was prächtig zum Ort passt – und zudem dafür sorgt, dass man die Flussmündung an feuchten Tagen trockenen Fußes erreichen kann.

Wenn nicht gerade Hochwasser das Tal unpassierbar und die Lebensader zum reißenden Strom macht, zieht das kühle Nass eher gemächlich vorbei. Als wollte es uns sagen: Seht her, Leute, das Leben ist ein zäher, langer Fluss – es hat wenig Sinn, allem hinterherzuhecheln, viel besser ist es doch, das Leben und die Natur zu genießen, mit all den sinnlichen Schönheiten. Ja, wer sich hier darauf einlässt, kann im Frühjahr zwischen Brennnesseln und Löwenzahn die ersten Vergissmeinnicht entdecken und dabei dem Vogelkonzert von Zilpzalp, Zaunkönig, Specht & Co. lauschen.

Am Rande winken auch ein paar von Menschenhand gemachte Entdeckungen. So stehen mehr oder weniger verblümte Botschaften auf Holz und Steinen, hinterlassen von Pärchen, die hier waren – à la »Jessi & Noel was here«.

Und Leuten, die keine Ahnung haben, woher der Name Fürth kommt, können hier die Augen geöffnet werden. Denn nicht weit weg verläuft die Furt, die einst die Menschen an diesen schönen grünen Flecken Erde führte.

Adresse rund 200 Meter nördlich der Kapellenstraße in Höhe der MTV-Grundig-Sporthalle, Radfahrer nehmen den Käppner- und Friedhofweg, 90763 Fürth-Innenstadt | **ÖPNV** Bus 172, 175, Haltestelle Kulturforum | **Tipp** Der große Spielplatz rechts nebenan am Schießanger ist kräftig aufgemöbelt worden. Er bietet Geräte für alle Generationen.

63 Das Frauenkulturmuseum

Spannende Fingerzeige aus weiblicher Sicht

Fürth war immer ein gutes Pflaster für Ideen, die etwas aus dem Rahmen fallen. Wie im Mittelalter bei Handwerkern, die Probleme mit den Zünften hatten. Oder zuletzt beim Verein mit dem leicht sperrigen Namen »Frauen in der Einen Welt – Zentrum für interkulturelle Frauenalltagsforschung und internationalen Austausch«, der 1989 in Nürnberg gegründet wurde, aber erst durch die Unterstützung der Stadt Fürth seit 2003 richtig präsent sein kann.

Anfangs bespielte die Fraueninitiative um Sibylle Meyer leer stehende Läden in der Innenstadt. Dabei entstand eine Art Grundstock für ein mobiles Museum, zugleich wurden Drähte ins Fürther Kulturreferat geknüpft. Und da der Marstall des Burgfarrnbacher Schlosses leer stand, können die Räume seit 2006 genutzt werden – und zwar für ein bayernweites Novum: das Museum Frauenkultur Regional – International.

Das historische Gebäude dient zum einen als Basislager für bisherige Projekte, wie über Kopftuchkulturen, Dienstmädchen, Bierbrauerinnen oder das »Abenteuer Ehe«. Zum anderen werden im Erdgeschoss feste Ausstellungen präsentiert, begleitet von Filmen, Vorträgen und Workshops. Um »Gewonnene Jahre – neues ZeitAlter für Frauen« ging es zuletzt. Ausgehend von Statistiken zur Lebenserwartung lieferten Bilder, Statements und Skulpturen spannende Fingerzeige aus weiblicher Sicht.

»Ich will in den nächsten Jahren das Leben noch mal richtig genießen«, sagt eine Frauenstimme aus dem Off, während Schönheit unter dem Motto »FaltenReich« kunstvoll hinterfragt wird. Zum multimedialen Ansatz gehören Videos und Zeitungsartikel ebenso wie der Griff in Schubladen. Und hinterher wird draußen bei einer Tasse Kaffee weiterdiskutiert. Für das stimmige interkulturelle Konzept gab es 2014 den Frauenförderpreis der Stadt Nürnberg. Er sollte dazu führen, dass der marode Marstall rasch saniert wird, damit das Museum bald ganzjährig geöffnet ist.

Adresse Schlosshof 23, 90768 Fürth-Burgfarrnbach | **ÖPNV** Bus 172, Haltestelle Burgfarrnbach/Geißäckerstraße | **Öffnungszeiten** Anfang Mai–Ende Sept. Do, Fr 14–18 Uhr, Sa, So 11–17 Uhr, im Aug. nur So 11–17 Uhr; Führungen gibt es ganzjährig, Kontakt über www.frauenindereinenwelt.de | **Tipp** Der gepflegte Schlosshof nebenan lädt zum Spazierengehen ein, hat aber auch schöne Kinderspielplätze.

64 Die Freilichtbühne

Schillernd abheben in der steilen Muschel

Es ist ein traumhaftes Gefühl. Der Weiher liegt einem zu Füßen, über dem Kopf raschelt ein Ahornblattzelt, von hinten glühen bunte Lichterketten und rauschen leise Fontänen, während vorne alles klar ist, weil die zehn Zuschauerreihen so steil ansteigen, dass kein Zwei-Meter-Mann die Sicht auf die Bühne versperren kann. Die Freilichtbühne des Stadtparks ist ein idealer Ort für packende Konzerte, Theateraufführungen und Kinofilme an einem lauen Sommerabend. Weil die Sitzbänke hart sind, sollte man sich allerdings ein Sitzkissen ausleihen.

Entstanden ist die Muschel 1950/51 im Rahmen des Umbaus für die Gartenschau, die der legendäre Stadtgartendirektor Hans Schiller konzipierte. »Grünen und Blühen« hieß das Motto. Und weil die Kleeblattstadt gerade Großstadt geworden war, durfte alles vom Feinsten und gern eine Nummer größer sein, damit die ehrwürdige Anlage, die 1867 auf Kosten des Maschinenfabrikanten Johann Wilhelm Engelhardt entstanden war, etwas mehr hermachte. 1878 war bereits der Schwanenweiher samt Wasserfall hinzugekommen, 1897 folgte nebenan das schmucke Stadtpark-Restaurant, das 1938 zum Großteil abgerissen wurde. Über dem Gebäuderest, der heute als Bühne dient, wurde die Freilichtbühne in den Hang gebaut.

Nebenan zog 1951 als gastronomischer Ersatz eine Milchgaststätte ein, wie noch immer auf der Fassade steht. Stadtparkcafé wird das lang gezogene Lokal mit der schönen, bestuhlten Pergola genannt. An heißen Sonntagen ist es hier überfüllt, angenehmer ist es vormittags. Die Pächterin führt auch bei der Freilichtbühne Regie, inklusive Salsatanz, Kindertheater oder Open-Air-Kino nach 21 Uhr. Zu allen Tageszeiten lockt nebenan die Hans-Schiller-Allee die Spaziergänger an – mit Blütenpracht, Baumpfad und Skulpturen, flankiert von Wasserspielen und einem idyllisch platzierten Schach-Tisch. Noch so ein schillernder Ort zum Abheben.

Adresse Zugang von der Nürnberger Straße oder Otto-Seeling-Promenade, 90762 Fürth-Innenstadt | ÖPNV U 1, Haltestelle Jakobinenstraße | Tipp Der Stadtpark hat schöne Kinderspielplätze samt Minigolfanlage – und am östlichen Rand schließt sich das Gelände des städtischen Grünflächenamtes an, wo ein Pflanzenkalthaus mit Zen-Appeal steht, in dem empfindliche Pflanzen gepflegt werden. Entworfen vom Architekten Peter Dürschinger – muss man sich mal am Tag der offenen Tür der Stadt anschauen!

65 Die Fürther Freiheit

Zwischen paradiesisch und gnadenlos

Die Freiheit hat einiges durchgemacht. Deshalb ist es gut, dass man ihr Raum zum Atmen gönnt und sie nur dosiert mit Autos und Imbissbuden vollstellt. Bei größeren Festivitäten, vor allem während der Michaeliskirchweih, ist das ganz anders. Dann wird jeder Quadratzentimeter ausgenutzt. Und es ist immer wieder beeindruckend, wie man selbst die Platanenzeile exakt einpasst.

Fürths größte öffentliche Fläche entstand 1835 mit der ersten deutschen Eisenbahn. Der gepflasterte Platz lag anfangs am Stadtrand, durch das enorme Wachstum rückte die Freiheit mitten ins Zentrum. Die Nazis ließen 1938 den alten Ludwigsbahnhof abreißen, um mehr Raum für Aufmärsche zu haben, sie legten auch einen unterirdischen Löschteich an. Der Ort hieß Schlageter- und später Hindenburgplatz, bis im April 1946 die Umbenennung in Fürther Freiheit folgte.

Die Straßenbahn sorgte bis in die 1990er Jahre für Betrieb. Mit der U-Bahn und dem Verschwinden von Wartehäuschen, Leitungen und Schienen begannen die Diskussionen über die weitere Nutzung, die bis heute immer wieder aufflammen – gerade auch was die benachbarte Konrad-Adenauer-Anlage betrifft. Seit 1995 gibt es immerhin eine spritzige Attraktion mit dem raumgreifenden Paradiesbrunnen, der vom Bildhauer-Paar Barbara und Gernot Rumpf stammt. Weil ihn Max Grundig gestiftet hat, wurde dieser Teil der »Kleinen Freiheit« nach dem Rundfunkpionier benannt.

Die Brunnenanlage stilisiert den Garten Eden mit einem Baum in der Mitte, um den sich neben Adam und Eva mehrere tierische Figuren wie Einhorn, Schlange, Riesenschnecke und zwei Ratten gruppieren, überspannt von einem metallenen Bogen. Im Sommer zieht das »Paradies« Klein und Groß an – erst recht, wenn es nebenan beim Fürth-Festival heiß zugeht und die Besucher per »Applausometer« über Sieg oder Niederlage entscheiden. Dann kann es auf der sonst so liberalen Freiheit richtig gnadenlos zugehen.

Adresse Fürther Freiheit, 90761 Fürth-Innenstadt | **ÖPNV** U 1, Haltestelle Hauptbahnhof | **Tipp** Am westlichen Rand steht die Skulptur »Weltbaum«, die das Modehaus Fiedler 1991 zum 125-jährigen Bestehen gestiftet hat. Das Unternehmen, in der Rudolf-Breitscheid-Straße ansässig, meldete 2003 Insolvenz an. 2013 wurde das Kaufhaus abgerissen, um Platz für die »Neue Mitte« zu schaffen.

66 Die Gaggerlas-Quelle

Heilwasser mit faulen Eiern

Es stinkt nicht überall. Wer aber den Brunnen-Pavillon mit den acht Säulen, der sanften Fontäne und dem dunklen Hahn auf dem Dach einmal umrundet, der begegnet unweigerlich dem Geruch von faulen Eiern. Und weil dieser Duft der eher unangenehmen Art hier in der Luft liegt, sagt der Volksmund schon immer Gaggerlas-Quelle – und nicht Gustav-Adolf-Quelle, wie sie offiziell heißt.

Am Rand von Weikershof wurde von 1901 bis 1903 fast 727 Meter in die Erde gebohrt. Eigentlich wollte man auf Kohle und Kalisalze stoßen, doch bei 324,80 Metern tauchte im Buntsandstein Mineralwasser auf, das mit fünf Litern pro Sekunde sprudelte und angenehm lauwarm war. Untersuchungen zeigten, dass es sich um Thermalwasser handelte, in dem schwefelhaltige Verbindungen sowie Eisen, Chloride, Kalium, Magnesium und fluoridhaltiges Natrium gelöst sind. Gutachten sprachen immer wieder von Heilwasserqualität, zuletzt 2007 nach dem Austausch der Eichen- durch Edelstahlrohre. Das hätte zum Namen Bad Fürth führen können. Durch den Zusatz von Kohlensäure wäre auch das Abfüllen von Mineralwasser möglich gewesen, doch jeder Ansatz scheiterte am Veto der Behörden. Nicht zuletzt, weil nebenan das Trinkwasserschutzgebiet liegt.

Um 1934 baute der damalige Grundstückseigentümer illegal ein Schwimmbecken um die Quelle, das bis Ende der 70er Jahre stehen blieb. Dann wurde es abgerissen. Ausgerechnet ein Nürnberger Bürgerverein im benachbarten Gebersdorf sorgte 1998 für die Renaissance der Gaggerlas-Quelle. 2000 weihte man den Pavillon ein, der von zwei Bänken, vielen Bäumen und dem 2004 asphaltierten Rednitztalradweg flankiert wird, der von der Fürther Südstadt bis nach Stein führt.

Obwohl amtlich verordnet »Kein Trinkwasser« geschrieben steht, macht eine Infotafel auf ein Gutachten vom März 2009 aufmerksam. Demnach ist das 21,5 Grad Celsius lauwarme Wasser »hygienisch einwandfrei«. Na denn Prost!

Adresse zu erreichen über die Schwabacher Straße und den Pegnitztalweg, 90763 Fürth-Weikershof | ÖPNV Bus 67, Haltestelle Weikershof oder Fürth-Süd | Tipp Seit 2007 gibt es den Fürther Heilquellenweg, der 9,6 Kilometer lang ist und von der Espan-Quelle über die König-Ludwig-Quelle und das Thermalbad Fürthermare zur Gaggerlas-Quelle führt.

67 Der Gauklerbrunnen

Spaßvögel für Klein und Groß

Der Grüne Markt war von Anfang an ein Ort, wo es rundging. Ab dem 11. Jahrhundert wurde auf der leicht abschüssigen Fläche gehandelt. Später ging es hier lautstark drunter und drüber, als der Autoverkehr vorbeirauschte. Bis die Umgehungsstraße kam und auch der alte Marktplatz samt Gustavstraße verkehrsberuhigt wurde. Seitdem geht es am Grünen Markt eher beschaulich zu, sofern nicht der Grafflmarkt und musikalische Festivitäten oder der Metropolmarathon für Menschenmassen sorgen. Eine Attraktion bevölkert aber ganzjährig 24 Stunden lang den Grünen Markt: die witzige Truppe des Gauklerbrunnens.

Im Zuge eines Sanierungsprojektes ist der alte Marktplatz 2004 noch einmal mit EU-Geldern umfangreich aufgehübscht worden. Und im Zuge dessen ist die dreiteilige Brunnenskulptur des Künstlers Harro Frey im südlichen Teil des Grünen Marktes verankert worden. Die Figuren stecken voller pfiffiger Feinheiten, die Klein und Groß in den Bann ziehen. Da streckt sich eine Grazie mit ausgelassener Pose, da tanzt ein Derwisch auf einem Bein, während ein Ziegenbartkopf in ein Rohr bläst. Nebenan sitzen zwei Musiker Rücken an Rücken, während vier Schritte weiter ein Akrobat schwungvoll drei goldene Sichelmonde (oder sind es Würste?) auf einem langen Stab balanciert, umgeben von einem Trio, das schwungvoll singt und in die Saiten greift.

Ob mit oder ohne Wasser: Das turbulente Geschehen wirkt inspirierend auf Passanten. Kinder gehen gern auf Tuchfühlung mit den Gauklern, klettern auf ihnen herum und grinsen sich eins. Denn das hintergründig komponierte Treiben, zu dem ein Pärchen mit Masken in der Hand ebenso gehört wie eine goldene Kugel und ein schwarzer Hund, der an einem Sockel hochspringt, hat etwas sehr Kommunikatives. Sogar die »Goldene Gans« oben am Eckhaus zur Königstraße ist integriert. Man könnte stundenlang danebensitzen und träumend ins Mittelalter eintauchen.

Adresse Grüner Markt, 90762 Fürth-Innenstadt | **ÖPNV** U 1, Haltestelle Stadthalle oder Rathaus | **Tipp** Zwei Steinwürfe entfernt befindet sich das Geburtshaus von Wilhelm Löhe, dem Gründer der evangelischen Diakonissenanstalt Neuendettelsau anno 1854, einem großen Verfechter der Nächstenliebe. Im Gebäude ist eine Anlaufstelle der Evangelischen Jugend Fürth untergebracht.

68 Der Gelbe Löwe

Gut gebrüllt ist halb gewonnen

Es war ein Bild für die Götter, wie in jener langen Nacht im April 2012, als der erste Aufstieg der Spielvereinigung in die Bundesliga nicht mehr zu verhindern war, die Profis zuerst auf den Tischen und dann in den Fenstern des Gelben Löwen tanzten. Edgar Prib, Gerald Asamoah, Stephan Schröck und & Co. machten das seit 1909 bestehende Wirtshaus zum Epizentrum eines gewaltigen Fanbebens. Am Ende ging einiges kaputt, massenhaft Scherben lagen auf der Gustavstraße. Und im »Löwen« machten sogar Fensterstöcke die Grätsche, deren Reparatur später die Spielvereinigung übernahm.

Das sind Geschichten, von denen eine Kneipe zehren kann. Gut gebrüllt ist halb gewonnen. Mindestens. Und nach dieser legendären Ball-Nacht konnte die alte Leier von Freddy Quinn zurückgestellt werden, der in den 1950er Jahren zum Inventar des Gelben Löwen gehörte, bevor er in Hamburg Karriere machte. Wo er damals sang, ist heute die »Löwenbar«. Ein rötlich glühender Schuppen für Rock- und Bluesmusiker. Und später lockt es die Nachtschwärmer unter eine Vielzahl von Glitzerkugeln.

Nach diversen Durststrecken und der erfolglosen »Blue Note«-Ära war im Gelben Löwen 2011 die Zeit reif für einen Neustart. Grafikerin Susanne Dressel und Arzt Peter Heßler wollten als Quereinsteiger an sich nur eine normale Gastwirtschaft führen. Es kam anders, weil neben der Neuauflage des Grüner-Biers, dem Aufstieg des Kleeblatts und neuen Derby-Siegen gegen den Club vor allem ein unendlicher Nachbarschaftsstreit über Öffnungszeiten und Ausbaupläne für Turbulenzen sorgt.

Solche Fehden zehren an den Kräften. Doch als überzeugte Kleeblatt-Anhänger, die den Fanclub »Leo 1903« mitgegründet haben, kämpft das Duo weiter. Da außer OB Thomas Jung, einst der erste Gast im neuen »Löwen«, noch mehr Mandatsträger öfters vorbeischauen, gilt die Kneipe längst als Ersatzsitzungssaal für gewisse Stunden. Dass dabei auch mal gebrüllt wird, lässt sich schwer vermeiden.

Adresse Gustavstraße 41, 90762 Fürth-Innenstadt | ÖPNV U1, Haltestelle Rathaus, oder Bus 175, Haltestelle Grüner Markt | Öffnungszeiten So–Do 11–24 Uhr, Fr, Sa 11–2 Uhr | Tipp Wenn es im »Löwen« zu voll ist, gibt es in der Nachbarschaft ein paar annehmbare Alternativen, wie die Kaffeebohne, das Pfeifndurla, den Grünen Baum oder ein Stück weiter vorne das Alte Rentamt, wo 1903 die Spielvereinigung Fürth gegründet wurde – daran erinnert seit Kurzem auch eine Tafel.

69 Der Greuther Teeladen

Sinnlichster Fanshop der Welt

Sogar Nürnberger kommen vorbei. Das sagt schon viel, denn dieser Teeladen ist felsenfest in weiß-grüner Hand. Das signalisieren Schaufenster, Teppichläufer und geballte Fanartikel. Trotzdem gibt es einen unschlagbaren Grund fürs Herkommen: die garantiert meisten Teesorten auf engstem Raum. Die Fusion der SpVgg Fürth mit dem TSV Vestenbergsgreuth sorgte 1995 für den Ableger der Familie Wedel und der Martin-Bauer-Gruppe. Für Helmut Hack, langjähriger Geschäftsführer und SpVgg-Präsident, war der Laden ein Kunstkniff, um das Miteinander der Vereine den reicheren »Greuthern« schmackhaft und den Ronhof wieder zu einem »Ort der Begegnung« zu machen.

Am Anfang war also der Tee, den es hier vom Assam im 1.000-Gramm-Pack bis zur Zimt-Ingwer-Mischung im Bio-Beutel gibt. Hinzu kommt ein Gewürz-Sammelsurium samt Bockshornkleesamen und Himalaya-Ursalz, was ein wahres Schlaraffenland für Riechorgane erzeugt. Auch Trikots, Schals, Jacken, Kuschelsocken oder Plüschmaskottchen duften noch monatelang unvergleichlich.

Von 1996 bis 2012 befand sich der garantiert sinnlichste Fanshop der Welt im Bauch des Stadions in der einstigen Turnhalle. Dann führte der Aufstieg in die 1. Bundesliga zum Zwangsumzug, weil der Presseraum zu klein war. Keine 200 Meter entfernt strickt nun die Dreierkette aus Chefin Gerlinde Schwarz, Ulrike Libert und Martina Firus die Erfolgsstory des Teeladens mit Fanshop und Kartenvorverkauf weiter.

Alle sind sie Kleeblattfans, weshalb sie den Zeiten nachtrauern, als die Spieler zwischen zwei Trainingseinheiten mal bei ihnen kräutertriefende Morgenluft schnupperten. Die neue Tribüne soll laut Hack den Rückumzug bringen. Bis dahin freut sich Schwarz, wenn bekannte Gesichter vorbeikommen und sich mit Tee eindecken, wie die Frau von Ex-Trainer Benno Möhlmann oder Aufstiegscoach Mike Büskens. Oder der Ex-Fußballprofi Marc Oechler aus Nürnberg.

Adresse Laubenweg 27, 90765 Fürth-Ronhof, www.greuther-teeladen.de | **ÖPNV** Bus 177, 179, Haltestelle Friedhof | **Öffnungszeiten** Mo–Fr 9–18 Uhr, Sa 9–14 Uhr (Achtung: Einschränkungen bei Heimspielen) | **Tipp** Die Beck-Filiale am Laubenweg gleich in der Nähe, wo Fürther Fußballhelden von Charly Mai bis Loni Seiderer an der Wand hängen, flankiert von anderen berühmten Fürthern wie Ludwig Erhard, Henry Kissinger und Max Grundig.

70 Die Grüne Wand

Wie Dünger für die Fans

Es gab mal Zeiten, in denen es im Ronhof abgesehen vom gepflegten Rasen dort am grünsten war, wo eine Hundertschaft Polizisten saß. Das ergab ein grünes Wändchen. Ansonsten konnte es sehr still im Stadion sein. Obwohl man fast so nah dran ist wie auf einem Dorffußballplatz, sind die Fürther Fans als Anhänger des gepflegten Flachpassspiels anspruchsvoll und gern überkritisch.

Das hat viel damit zu tun, dass die Spielvereinigung absolute Spitze war. Der Deutsche Meister von 1914, 1926 und 1929 stand für gehobene Spielkunst. Und in dieser Zeit wurzelt wohl auch ein Lied über den 1903 gegründeten Verein und seine 1910 errichtete Arena, das bei Heimspielen mindestens zweimal erklingt. Es beginnt mit »Wenn der Ball im Ronhof rollt, dou möi mer hie« und enthält den urökologischen Satz »Wir reißen Bäume aus, wo keine sind«.

Trotzdem sind schon Tränen geflossen. Wenn wieder mal haarscharf der Aufstieg verpasst oder im DFB-Pokal-Halbfinale in allerletzter Sekunde verloren wurde. Der Absturz 1988 in die Viertklassigkeit ist dennoch längst Geschichte, während sich die Vernunftehe 1995 mit dem TSV Vestenbergsgreuth ausgezahlt hat. Das Ende der »Unaufsteigbartour« brach 2012 alle Dämme und hat wie Dünger auf die Fans gewirkt: Eine Grüne Wand steht inzwischen auf der Nordtribüne, der Gegengerade oder im »Lohner«-Stehblock des auf 18.000 Plätze erweiterten, fast komplett überdachten Sportparks Ronhof. Mit Schal und Fahne stehen die Fans wie eine Eins hinter der Mannschaft.

Die Liebe fürs Kleeblatt (nicht für die Greuther!) blüht, obwohl der Verein 2013 als erstes und bisher einziges Bundesligateam eine ganze Saison ohne Heimsieg blieb. »Lieber unten ein Hoch als oben ein Tief« hieß die Antwort auf den Abstieg. Da der Stadionpachtvertrag bis 2040 läuft, setzt Präsident Helmut Hack auf »Tradition, Heimat, Zukunft«. Und egal, welcher Sponsor den Namen diktiert: 2017 soll die neue Haupttribüne stehen.

Adresse Laubenweg 60, 90765 Fürth-Ronhof | ÖPNV Bus 179, Haltestelle Ronhof/Stadion | Tipp Bis 2013 trainierten die Profis neben dem Stadion, jetzt muss man gut zwei Kilometer weiter nördlich zum neuen Trainingszentrum an der Kronacher Straße pilgern. Dort gibt es neben mehreren Rasen- und Kunstrasenplätzen auch einen Felix-Magath-Gedächtnishügel.

71 Der Hainberg

Weitblick, Schafe und Silbergras

Jahrzehntelang rollten Panzer zum Hainberg. Sie dröhnten die extrabreite Schwabacher Straße raus und dann runter zum Truppenübungsplatz, wo einst schon Wallenstein 1632 sein Lager aufgeschlagen hatte. Bis 1995 war die riesige Fläche ein Niemandsland, zwischen Nürnberg, Stein, Oberasbach und Fürth gelegen. Außer den Militärs durften hier auch Sanitätszüge für den Notfall proben und Motorräder knatternd über Stock und Stein rasen. Die Kleeblattstadt streifte der Hainberg nur am Rande, doch das grüne Rednitztal, das sich direkt anschließt, hat inspirierend gewirkt, als die US-Truppen den mittelfränkischen Ballungsraum verließen und die Frage war: Was tun mit dem 213 Hektar großen Areal?

Seit dem 1. März 1995 steht es unter Naturschutz. Das Aushängeschild der Sandachse Franken ist auch ein besonderer Fluchtpunkt für Leute geworden, die mal für eine gute Stunde das und die Weite suchen. Auf der größten Sandmagerrasenfläche Nordbayerns wachsen seltene Gräser, Blumen, Kräuter. Viele gelten als bedroht, wie die Heidenelke, das Silbergras oder das Bergsandglöckchen. Und skurril ist die Existenz des Österreichischen Beifußes, den im Dreißigjährigen Krieg kroatische Soldaten mitgebracht haben sollen.

Faszinierend ist neben dem schier endlosen Weitblick auch die jahreszeitlich wechselnde Färbung der Vegetation, die von Hellbeige über Zartgrün bis ins Violette und Bräunliche changiert. Und während Kaninchen fröhlich in der durchhöhlten Landschaft herumhoppeln (auch deshalb gilt strikter Leinenzwang für Hunde!), gibt es tierisch viel zu entdecken. Inklusive bizarren Baumstümpfen, die ganz langsam am Wegrand verfallen.

Rückzugsgebiete für Kreuz- und Knoblauchkröten bietet ein kleiner Teich. Und gleich nebenan grast regelmäßig im Sommer eine große Schafherde. Sie sorgt dafür, dass der Trockenrasen kurz bleibt, genügend sandige Lücken vorhanden sind und das Biotop auch ohne Panzer überleben kann.

Adresse Zugang zum Beispiel über den Buckweg und Fernabrücke, 90763 Fürth-Weikershof | **ÖPNV** Bus 67, 70, 71, Haltestelle Fürth-Süd | **Tipp** Am nördlichen Rand befindet sich hinter der Fernabrücke die Wildwasserstrecke der SG Nürnberg-Fürth in der Rednitz, wo Kajakfahrer regelmäßig vor allem am Wochenende ihr Können zeigen.

72 Die Hornschuchpromenade

Mit »Adler«-Blick und Jugendstil

Noch heute glaubt man, etwas rattern zu hören. Wie damals im Jahr 1835, als mit dem »Adler« die erste deutsche Eisenbahn von Nürnberg nach Fürth rollte. Vor der Endhaltestelle an der Freiheit ging es durch einen Straßenzug, der zügig zur Nummer eins auf dem Immobilienmarkt werden sollte: die Hornschuchpromenade. Ein Prachtbau mit Erkern, Türmchen und gusseisernen Verzierungen reihte sich an den nächsten. Wer es sich leisten konnte, gönnte sich ein Domizil mit »Adler«-Blick. Ein Wettbewerb der Gründerzeitarchitektur brach aus, den man heute noch bestaunen kann.

Im 20. Jahrhundert kam die »Elektrische«, und das Geräusch der Straßenbahn klang nicht mehr ganz so romantisch. Trotzdem ist die Hornschuchpromenade und vis-à-vis die Königswarterstraße beliebt geblieben. Auch bei Filmemachern, wie »Jenseits von Gut und Böse« (1976) und Ingmar Bergmanns »Das Schlangenei« (1977) beweisen, die hier gedreht wurden. Eine Augenweide, insbesondere das Eckhaus mit den runden Balkonen!

Als die U-Bahn in den 1990er Jahren die Straßenbahn verdrängte, verschwand mit den Schienen auch das Rumpeln. Man schaute wieder genauer auf die denkmalgeschützte Promenade – und dabei stachen etliche Bausünden ins Auge, die von der Stadt genehmigt worden waren. Ein Jammer und alles andere als eine Zierde für die Denkmalstadt Fürth!

Ein paar Blitzableiter mussten her. So ist mitten auf der Rasenfläche zwischen den Häuserzeilen und Baumreihen eine lange Kette mit Skulpturen verankert worden – direkt neben der kleinen Grünanlage, die nach dem früheren Bundeskanzler und Friedensnobelpreisträger Willy Brandt benannt ist. Knapp 20 Jahren später gehen die Ansichten über die ästhetische Qualität noch immer auseinander. Eine gewisse Auffrischung wäre langsam angesagt. Wobei zumindest das in sich verkeilte »FÜ« oder die Mauer mit den integrierten Spiegeln gern bleiben dürfen.

Adresse Hornschuchpromenade, 90762 Fürth-Innenstadt | ÖPNV U 1, Haltestelle Jakobinenstraße | Tipp An der Ecke zur Luisenstraße zweigt eine schnelle Verbindung in die Südstadt ab, die auch für Radfahrer freigegeben ist: der Luisentunnel, der seit 1913 besteht – auf der Südseite an der Karolinenstraße sogar mit einem alten Eingangspavillon als Wetterschutz.

73 Die Interkulturellen Gärten

Wo die ganze Welt zusammenwächst

Das Miteinander der Kulturen braucht Orte, wo sie miteinander wachsen können. Was könnte dafür besser geeignet sein als ein Garten? Dieser Ansatz ist die Wurzel der Interkulturellen Gärten gewesen, die 2007 an der Uferpromenade angelegt wurden. Vom Zentrum Aktiver Bürger war das Projekt ein Jahr geplant worden, bis klar war, dass ein Stück Brachland an der Rednitz dafür zur Verfügung steht.

Auf Anhieb hat es funktioniert. Seit 2008 führt ein Verein die Anlage, dem 65 Mitglieder angehören, die von allen Kontinenten stammen. Entsprechend bunt geht es auf den 30 Beeten à 25 Quadratmeter zu. Indien liegt neben Deutschland, was Chili und Kichererbsen hier und Bohnen, Radieschen und Johannisbeersträucher dort bedeutet. Das deutsche Beet betreut die Vereinsvorsitzende Helga Balletta, die aktiv seit 2011 dabei ist. Nach dem Prinzip »Bauerngarten« blühen bei ihr Blumen neben Knoblauch und Kohlrabi, aber auch seltene Sorten wie blaue oder rote Kartoffeln sind dabei.

»Jeder kann rein, wenn jemand da ist«, lautet das Motto. Und der Blick lohnt sich. Üppig geht es im Portugal-Beet zu, wo neben Tomaten auch Kunstwerke emporranken. Bei den Vietnamesen wächst von Kürbissen bis Koriander viel, was später in einer Suppe landet. Auch bei den Philippinos geht die Tendenz zum Nutzgarten. Und Entdeckungen lauern auf engstem Raum, weil Äthiopien, USA und Australien nur ein Spatenstich trennt. Während Taiwan frisch angesät wirkt, schaut der Kosovo etwas verödet aus.

Dass so ein Garten auch Arbeit bedeutet, wird manchen erst mit der Zeit klar. Insofern rücken immer wieder neue Kulturen von der Warteliste nach. Wichtig ist ein Interesse am Miteinander. Durch Feste und Lesungen wird es ebenso gefördert wie durch Putztage. Geräteschuppen, Kräuterbeet, Kompost und zentraler Pavillon sind für alle da – und nicht zuletzt beim Gießen mit Rednitzwasser ist Teamwork angesagt.

Adresse Uferpromenade, Höhe Bogenstraße, 90762 Fürth-Südstadt | ÖPNV Bus 172, Haltestelle Theaterstraße, oder U1, Haltestelle Stadthalle, besser aber zu Fuß oder per Fahrrad hinfahren | Tipp Um die Ecke stehen senkrecht zum Fluss vier Backsteinhäuserzeilen, die 1898 von Georg Kißkalt gebaut wurden. Die Arbeiter-Wohnanlage zwischen Erlen- und Denglerstraße ist denkmalgeschützt und teils vorbildlich saniert.

74 Das Jugendhaus Hardhöhe

Gesprühte Härtegrade mit weichem Kern

Hardhöhe klingt in Fürther Ohren nach Brennpunkt. Wie Hasenbergl (München) oder Neukölln (Berlin). Andere denken bei dem Namen an Bonn und das ehemalige Verteidigungsministerium auf der Hardthöhe. Das Fürther Viertel oben im wilden Westen hat auch militärische Zeiten erlebt, als die Maschinen vom Flugplatz Atzenhof drüberdonnerten und später von 1950 bis 1955 sogar die Landebahn des Industrieflughafens Nürnberg-Fürth um die Ecke war. Am U-Bahnhof Hardhöhe erinnert eine Tafel samt Schwarz-Weiß-Foto an diese Zeit. Eine andere Tafel weist auf ein noch härteres Stück Geschichte hin: die Schlacht zwischen dem Schwedenkönig Gustav Adolf und Wallenstein, die hier im Jahr 1632 zu einem großen Militärlager geführt hatte.

Heute dominieren bis zu 15-stöckige Hochhäuser und viele Betonklötze aus den 1960er Jahren das Bild im Viertel, flankiert von großen Werkshallen der Firmen Siemens und Uvex sowie einem langen Band aus Einfamilienhäusern. Und am westlichen Rand führt ein Weg vorbei an einer beschaulichen Kleingartenanlage zum Jugendhaus Hardhöhe.

Der Flachbau erinnert mit einer Vielzahl an Graffiti sofort an Bronx-verdächtige Härtegrade – zumal dahinter auch Teile der lang gezogenen Lärmschutzwand (die Abgrenzung zu Norma und Ebl) besprüht sind – ganz legal übrigens. Doch man erkennt schnell: Hinter den grellen Bildern stecken weiche Kerne. Die mit Herzchen versehene Liebeserklärung »Das beste Jugendhaus der Welt« spricht für sich.

Seit Dezember 1982 gibt es diese Anlaufstelle, die Jugendhausleiter Sebastian Fischer täglich gegen 14.30 Uhr aufsperrt. Und längst schauen nicht nur die Kids von der »Hard« vorbei, weil das Domizil ein beliebter Treffpunkt der Skaterszene geworden ist. Gern hätte man eine große Anlage vor der Tür gehabt. Doch die Ideen wurden aus Baumschutzgründen anderswo realisiert: am Schießanger bei der Charly-Mai-Anlage (siehe Kapitel 59).

Adresse Hardstraße 231, 90766 Fürth-Hardhöhe | **ÖPNV** U1, Haltestelle Hardhöhe oder Bus 171, Haltestelle Hansastraße | **Tipp** Es lohnt sich, mal mit der U-Bahn bis zur Endstation Hardhöhe zu fahren. Der Bahnhof ist schön gestaltet worden – wie das gesamte Umfeld der Station.

75 Der Kaiserplatz

Der Anfang vom Ende oder ab nach Las Vegas

Eigentlich ist es eine Frechheit, wie der Kaiserplatz aussieht. Altglascontainer, Streusandkisten, Stromkästen und Telefonsäulen bevölkern den Rand, der Rasen ist völlig vermoost, der Kinderspielplatz auf eine Schaukel beschränkt, und der Brunnen hat seit Ewigkeiten kein Wasser gesehen, weil die Rohre gekappt sind. Kein Wunder, dass seit Jahren eine Sanierung gefordert wird, doch passiert ist nichts, was daran liegen könnte, dass hinter dem Anti-Konzept künstlerisches Kalkül steckt. Nach dem Motto: Hier lauert der Anfang vom Ende. Dazu passt zum Beispiel der Döner-Imbiss »Troya«, den Birim Özay seit Juli 2011 führt. Und zwar in der letzten bestehenden Ex-Flaschenbierhandlung des Viertels. Sieben Tage die Woche, mit blinkendem Namensschild und einer Bierbankgarnitur. Spartanisch eben.

Bis ins 19. Jahrhundert standen hier übrigens noch Bäume, weshalb die Waldstraße hier entlanggeht. Als sich die Betuchten mit dem Siegeszug der Industrialisierung südlich des Bahndamms zwischen Karolinen- und Kaiserstraße ansiedelten, wurde der Abschnitt bis zur Herrnstraße in Ritterstraße umbenannt. Die Neureichen wollten partout nichts mit dem Wald zu tun haben.

Die Zeiten haben sich geändert. Zuerst dankte der Kaiser ab, dann verschwanden nebenan die Fabriken, vom Spiegel-Wiederer über Buntpapier- und Möbelfirmen bis zu Schaufensterpuppen Jung und Elektronik Metz. Kreativzentren und Lofts sorgten für neues Leben. Hier stand die Wiege des Czurda-Tanztheaters, hier zogen Modern-Dance-, Werbe- und Tonstudios sowie jede Menge Lebenskünstler ein. Sie alle laufen über den Kaiserplatz und wissen oft nicht, dass hier gleich die Glückstraße beginnt.

Wer die Waldstraße weitergeht, landet bald im Klein-Las-Vegas bei der Nürnberger Stadtgrenze. Zwischen Fast Food und Autohändlern winken Casinos und Spielsalons en masse. Wohl dem, der da am Kaiserplatz auf einer schattigen Bank sitzen bleibt.

Adresse Kaiserplatz, 90763 Fürth-Südstadt | **ÖPNV** Bus 173, 174, Haltestelle Ritterplatz | **Tipp** Über die Glückstraße gelangt man zur Flößaustraße und steht dort linker Hand vor einem lang gezogenen Wohngebäude, wo von 1963 bis 1991 die Carrera-Rennbahnen hergestellt wurden. Nur ein Stück Betonfassade erinnert noch an diese Zeiten.

76 Das Kettenkarussell

Himmlische Kärwa-Gefühle

Der Hallplatz ist ein Ort zum Davonlaufen. Und es nutzt nichts, dass er hinten nach Franz Josef Strauß heißt. Zu viele Autos, zu viele Kopfsteine, zu versteckt das Grün, da kann einem die Kirche »Unsere Liebe Frau« nur leidtun. Wie einfach es ist, den Platz aus dem Dornröschenschlaf zu reißen, merkt man aber alle Jahre wieder, wenn Ende September die Schausteller kommen.

Die Michaeliskirchweih lässt die Uhren zwölf Tage anders ticken. Hinterher reibt man sich die Augen und denkt: Wie schön es doch ist, wenn die Autos ausgesperrt und die Straßen zum Herumgondeln da sind. Zwischen Heringsbrater, Losbuden und Imbissklassikern aus aller Welt lauert hier ein Gurkenheiner, dort der »Messer Mo« und die ein oder andere Überschlagherausforderung, aber auch das klassische Riesenrad auf der Freiheit. Und in der Moststraße steht am Rand der Adenaueranlage der Billige Jakob, der einem im Nu elf Paar Wintersocken plus Schuhputzcreme angedreht hat, umringt von einer grinsenden Menschentraube.

Wer den Jakob gemeistert hat, den zieht es runter zum Hallplatz. Um die Kirche schmiegen sich Buden mit Gewürzen, Maiskolben, supersüßen Mandeln und irgendein Irrgarten. Das ist immer so – und doch nur der Appetitanreger für das Teil, das zur Färdder Kärwa gehört wie das Kleeblatt zur Stadt: das Kettenkarussell. Als ob der Hallplatz grau und sehnsüchtig darauf gewartet hat, vom bayerisch-barocken »Wellenflug« wachgeküsst zu werden, geht es hier rund. Ob klein oder groß, jung, mittel- oder steinalt: Alle zieht es zumindest eine Runde auf die hängenden Sitze, die sich zuerst langsam drehen, bis man hochgezogen wird und unaufhaltsam abhebt.

Wie ein Schwarm Vögel saust die federleichte Masse Mensch zwischen Stadttheater und Kirche immer wieder im Kreis, die Flucht der Königstraße zu Füßen. Das weckt himmlische Gefühle. Und den heimlichen Wunsch: Möge die Kärwa doch immer da sein …

Adresse Hallplatz, 90762 Fürth-Innenstadt | Öffnungszeiten in der Regel von Ende September bis Mitte Oktober | ÖPNV U 1, Haltestelle Rathaus | Tipp Es lohnt sich ein Blick in die spätklassizistische Kirche »Unsere Liebe Frau«, 1824 bis 1828 erbaut nach Plänen des Architekten Leo von Klenze.

77_Der Kiosk 762

Wirtschaftswunder mit Straßenbahnflair

Das Fürther Kiosksterben machte auch vor der Jakobinenstraße nicht halt. 2003 verschwand nach 50 Jahren der große Stahlbetonbau. Das ovale Häuschen am Weg zum U-Bahnhof durfte zwar bleiben, es diente aber jahrelang nur noch als Werbeplattform für Kachelöfen. Zighundertmal lief Christian Silvia dran vorbei und dachte sich wie viele Passanten, dass diese Nutzung doch völlig verschenkt sei.

Daran ändern wollte der Südstädter aber nichts, weil er eigentlich nicht in der Gastronomie arbeiten wollte wie sein aus Sizilien stammender Vater, der die Cafeteria im Wöhrl-Kaufhaus an der Fürther Freiheit führt. Der 1983 geborene Hardenberg-Gymnasiast studierte also BWL, merkte aber, dass ein Bürojob vor dem PC nicht sein Ding war. Als sein Papa ihm die Visitenkarte des Kioskbesitzers gab, reifte in ihm eine Idee, die zur Herzensangelegenheit wurde: die Wiederbelebung eines alten Geschäftsmodells.

Im September 2012 ging es los, drei Monate später reichte der Existenzgründer seine Bachelorarbeit zu diesem Thema ein. Sie wurde mit 1,3 bewertet – und ähnlich erfolgreich läuft bisher der Kiosk 762 (benannt nach den letzten drei Ziffern des Postleitzahlenbezirks 90762). Seinen gezielt kombinierten Retromix aus Zeitungen, Süßigkeiten, Getränken, Tabak und Imbissen wie extraknusprigen Käsestangen serviert Silvia ebenso locker wie flockig. Das Arbeitsoutfit samt Schiebermütze, Hornbrille und dunkler Schürze gehört ebenso zum Konzept wie das historische Straßenbahnflair, der Eins-a-Cappuccino oder der Verzicht auf Schnapsfläschchen.

Richtig bunt ist die Kundenschar. Fußballprofis gehören ebenso dazu wie Postbotinnen, Müllmänner, Schüler, Rentner und junge Väter mit Kinderwagen. Ein witziger Mix. Man steht plaudernd beisammen – und der Chef hat alles im Blick. Da ihm die Immobilie inzwischen gehört, dürfte dieses postmoderne Wirtschaftswunder noch länger dauern.

Adresse Hornschuchpromenade 20a, 90762 Fürth-Innenstadt | **ÖPNV** U 1, Haltestelle Jakobinenstraße | **Öffnungszeiten** Mo–Fr 7–20 Uhr (meistens bis circa 19 Uhr), Sa 8–20 Uhr | **Tipp** Etwas weiter unten befindet sich leicht versteckt der Platz der Opfer des Faschismus. Auf halbem Weg zum U-Bahnhof gibt es auch einen Gedenkstein.

78_Der Kioski

So spinnen die Finnen

Finnen haben den Ruf, einen Hang zum Schrägen und zur Melancholie zu haben. Wie das aussieht und klingt, zeigen Filme der Kaurismäki-Brüder und der Rock 'n' Roll der Leningrad Cowboys. Doch wie sich diese Lebensart anfühlt, das kann man hautnah im Fürther Kioski erleben – eine Anlaufstelle, die mehr ist als ein finnischer Plattenladen, der als europaweit einziger seiner Art außerhalb von Suomi-Land gilt.

Ausgedacht hat sich das Ding mit Martti Trillitzsch ein umtriebiger Musiker, Produzent, DJ und Geschäftsmann, der 1965 auf Papua-Neuguinea geboren wurde. Der Sohn einer Finnin und eines Deutschen landete in Mittelfranken und kam während seines Zivildienstes 1986 erstmals mit einer finnischen Punkband namens Greenhouse AC in Berührung. Auf die Tour folgte die erste Plattenproduktion, was immer mehr Steine in Bewegung setzte. Ähnlich wie beim finnischen Holzklötzchenumwerfspiel Mölkky.

Der erste Kioski, unter dem Finnen übrigens eine Art Tante-Emma-Laden verstehen, öffnete 2002 im Fürther Zentrum. 2007 zog er in den ausgemusterten Minisaal des Babylon-Kinos. Ein halbes Jahr dauerte es, bis Mauern geöffnet, Schaufenster eingebaut, Wände weiß-blau getüncht und alle Regale im abschüssigen Raum montiert waren. Die Schräglage passt wunderbar, während fünf original braune Klappsessel zum entspannten Musikhören einladen.

Humppa, Tango und Indie-Rock gibt es in allen Schattierungen, ein paar nicht finnische CDs, teils auf Trillitzsch' TUG-Label erschienen, sind auch dabei. Und zwischen Reiseführern, Lakritzschnaps, Mölkky und vielen potenziellen Geschenkideen findet man bunte Blechtassen mit irren Mumin-Figuren oder grelle T-Shirts der polkafidelen Combo Eläkeläiset. So spinnen die Finnen, denkt man sich grinsend. Und manchmal läuft sogar ein Ladenkonzert, oder der Chef serviert Kostproben seiner Mäkkkelä's Trash Lounge. Höchstpersönlich.

Adresse Nürnberger Straße 3, 90762 Fürth-Innenstadt | **ÖPNV** U 1, Haltestelle Hauptbahnhof | **Öffnungszeiten** Mi–Fr 14–20 Uhr, Sa 11–16 Uhr | **Tipp** Schräg gegenüber befindet sich die Galerie A.theke in einer früheren Apotheke – eine schöne Veränderung, denn Kunst kann bekanntlich auch heilsam sein.

79_Die Kofferfabrik

Hohle Gasse zum kreativen Chaos

Durch diese hohle Gasse muss man kommen, um in die Welt der Kofferfabrik einzutauchen. »Kofferareal«, steht verschnörkselt an den Resten des sandfarbenen Hauses, umrankt von zwei Stahlskulpturen. Zartbesaitete müssen sich einen Schubs geben, um die Schwelle zur vermeintlichen Bruchbude zu überwinden. Wer dies schafft, wird gleich mit dem Anblick eines malerischen Innenhofs belohnt. Zwischen roten Backsteinen, orangefarbenen Bierbänken und viel Grünzeug blüht bunte Rizzi- bis Gaudì-artige Kunst. Ein passender Vorgeschmack auf das, was sich in den Räumen breitgemacht hat: ein kreatives Chaos im positiven Sinne.

Wo zuerst Spiegel und später Koffer der Firma Bermas produziert wurden, stehen längst andere Ks im Mittelpunkt. 1984 zogen erste Künstler ein. Und 1994 kam Podium samt Kneipe hinzu. Der Gastronom Udo Martin hat federführend seit 2007 mit seinem Team ein Biotop geschaffen, das zum Experimentieren einlädt, aber auch gehobene Ansprüche befriedigt. Fixpunkte sind Brigitte Dörings politisch ambitionierte Theaterwerkstatt und das Improtheater »6 auf Kraut« von Sigi Wekerle, das hier schon packende Länderspiele gegen Russen austrug.

Bunt ist der Veranstaltungsmix in der »(Sub-)Kulturmanufaktur«: Poetry-Slam, Kneipenquiz, Lesungen, Kabarett, Ausstellungen, zudem wird sonntags im Cotton Club getanzt und im CouchClub mit internationaler Note gebruncht. Und es laufen auch Konzerte mit Größen wie Al Di Meola. Dessen Buchung entpuppte sich zwar als Irrtum, doch dem Stargitarristen gefiel das »Koffer«-Konzept so gut, dass er einfach zwei Konzerte am Abend spielte, um den Eintrittspreis zu verringern. Ein Jahr später kam er erneut mit Gitarrenkoffer durch die hohle Gasse, wo der schlauchige Hof so windgeschützt und gemütlich ist, dass man sogar im Winter draußen sitzen kann. Und Al scheint sich so wohlzufühlen, dass er bestimmt wiederkommen wird.

Adresse Lange Straße 81, 90762 Fürth-Innenstadt, www.kofferfabrik.cc | ÖPNV U1 und Bus 175, Haltestelle Stadtgrenze | Tipp Um die Ecke zieht das Bayerische Landesamt für Statistik und Datenverarbeitung in die ehemalige Quelle-Hauptverwaltung an der Nürnberger Straße 91–95. Der Umzug aus München hat lange gedauert, man darf darauf gespannt sein, welchen Reim sich der Fürther Kabarettist Matthias Egersdörfer darauf machen wird.

80 Die Krautheimer Krippe

Mathe mit historischem Kontext

Man muss sich nicht reinschleichen, der Hintereingang ist werktags geöffnet. Klassenweise gehen die Schüler des Helene-Lange-Gymnasiums morgens die sechs Stufen hoch und vorbei an den weißen Fliesen, über denen in Kopfhöhe die Grundrisse aus den Bauplänen des Architekten Josef Zizler hängen. Durch Zettel erfährt man im ganzen Haus, was wo gemacht wurde. Im Zimmer des K12-Kurses für Mathe und Physik befand sich etwa der Aufnahmeraum der Krautheimer Krippe.

Es war der jüdische Geschäftsmann Nathan Krautheimer (1854 bis 1910), der in seinem Testament eine großzügige Spende für die Schaffung der ersten Säuglings- und Kleinkinderkrippe in Fürth verfügt hatte. Bis Ende 1966 gab es die Einrichtung, die 1912 im zweigeschossigen Putzbau mit Walmdach, viersäuligem Eingangsvorbau und seitlichem Zwiebeltreppenturm entstanden ist. Der Standort wurde gezielt gewählt, denn schon sechs Jahre zuvor war nebenan durch die Stiftung des jüdischen Rechtsanwalts Alfred Nathan ein Wöchnerinnenheim eröffnet worden, das erst 1967 ins städtische Klinikum integriert wurde und seitdem von der Ullstein-Realschule genutzt wird.

Die Krippe bot Müttern die Möglichkeit, ihre Kinder von 6 bis 19.30 Uhr unterzubringen. Im Erdgeschoss und im 1. Stock waren je zwei Säuglingszimmer, im Dachgeschoss war Platz für Schwestern und Mägde. All das und noch viel mehr erfährt man im dunkelbraun gestrichenen Gebäude mit den hellen, etwas marode wirkenden Fensterläden. 1988 wurde in der Küche ein Gedenkraum eingerichtet, wo eine gebogene Waage und leere Milchfläschchen am Rand vor einem großen Schwarz-Weiß-Foto von Gitterbetten in Fünfer- und Zweierreihe stehen.

Seit 2004 werden über das Jüdische Museum Franken, das die Krautheimer Krippe als Dependance betreut, Führungen angeboten. Seit 2012 gibt es auch museumspädagogische Projekte für Schulklassen, die sich in dem Gebäude ausgesprochen wohlfühlen.

Adresse Maistraße 18, 90762 Fürth-Innenstadt | **ÖPNV** U1, Haltestelle Jakobinenstraße | **Tipp** Im Umfeld von Mai- und Tannenstraße, Sigmund-Nathan-Straße und Otto-Seling-Promenade gibt es etliche Kindertagesstätten und Schulen, inklusive Freiluftklassenzimmer. Die Krautheimerstraße befindet sich übrigens am Südstadtpark – gleich hinter der Grünen Halle.

81 Das Kriminalmuseum

Gänsehaut garantiert

Der Höhepunkt kommt zum Schluss. Ganz hinten rechts liegt ein Mann in Jeans und blutigem T-Shirt am Boden. Der Schreibtisch ist verwüstet, der Safe geknackt, die Geldkassette geplündert. Das lässt auf einen Raubmord schließen. Und die Szenerie ist so authentisch, dass sich im kühlen Kellergewölbe die Nackenhaare aufstellen, wenn man am Tatort steht.

Gänsehaut und Aufklärung finden im Kriminalmuseum auf engstem Raum statt. Spektakuläre Fälle, wie der Serieneinbrecher »Leo« von 1951 oder der Mordfall »Carla« vom Januar 1998, werden über Zeitungsberichte, Schautafeln und Fotos lebendig gemacht. So wird einem beim Streifzug durch die acht Nischen zunehmend bewusst, dass Fürth zwar laut Statistik seit Jahren die sicherste Großstadt in Bayern ist, das Böse aber trotzdem überall lauern kann. Was die geballte Präsentation von Revolvern, Pistolen, Springmessern und Wurfsternen heftig verdeutlicht.

Das Kribbeln fängt sowieso gleich hinter dem Eingang an. Kaum ist man fünf Stufen runtergegangen, steht man vor Bildern mit schlimmen Unfällen von 1981. Daneben wimmelt es von klein gedruckten Meldungen über tödliche Bahnüberquerungen zwischen 1867 und 1908, während irre Überschlagvideos aus den 1970er Jahren laufen, die zum Gurtanlegen animieren sollten.

Wilfried Dietsch, von 1996 bis 2001 Chef der Polizeiinspektion Fürth, war die treibende Kraft des 2009 eröffneten Museums. Seine Dienstuniform gehört ebenfalls zu den Exponaten wie zigtausend Daten zur Polizei- und Kriminalgeschichte. Todernst geht es zum Glück nicht überall zu. Die Polizeiflotte von 1952 mit vier VW-Käfern und zwei VW-Bussen wirkt richtig niedlich, während die weiße Kärwa-Uniform der Verkehrspolizisten etwas Festliches hat. Zumindest kurz verblüfft der Freispruch des mutmaßlichen Betrügers Ludwig Erhard von anno 1928 – es handelte sich nur um einen Namensvetter des späteren Bundeskanzlers.

Adresse der Eingang ist an der Ecke Brandenburger-/Ludwig-Erhard-Straße, 90762 Fürth-Innenstadt | **ÖPNV** U 1, Haltestelle Rathaus | **Öffnungszeiten** So 13–18 Uhr (Okt.–März nur bis 17 Uhr), Führungen über die Tourismuszentrale, Tel. 0911/2395870 | **Tipp** Das Parkdeck des Wöhrl-Kaufhauses ein paar Ecken weiter bei der Fürther Freiheit ist ein Gänsehaut-Ort mit besonderer Aussicht, zartbesaitete Gemüter sollten ihn aber besser nicht allein aufsuchen. Wetten, dass dort einmal ein TV-Mord beim »Franken-Tatort« geschieht?

82__Das Kulturforum

Acht Säulen als Herausforderung

Der Stierkopf mit den Hörnern ist das Markenzeichen, das an den Schlachthof erinnert, der jahrzehntelang an der Würzburger Straße für blutiges Geschehen sorgte. Als Modernisierungen fällig gewesen wären, gingen in Fürth wie nebenan in Nürnberg Ende der 1980er Jahre die Lichter aus. Und statt Schweinen und Rindern sorgte plötzlich die Kultur für Leben in den ausrangierten Hallen. Ein Provisorium war geboren, das nach einer Dauerlösung schrie, die nach viel Hin und Her 2004 tatsächlich kam.

Das Kulturforum, kurz auch »Kufo« genannt, war geboren. Und der Kunstkniff, um die alten Schlachthof-Gebäude zu verbinden, war ein gläserner Foyer-Trakt, der neu gebaut wurde. Durch dieses Entree ist genug Platz für das lang gezogene Restaurant geblieben, in dem man vor und nach, aber auch unabhängig von einer Vorstellung vorbeikommen kann.

Seine Heimat behalten durfte mit dem Uferpalast das hauseigene Programmkino. Weit mehr als der etwas schlauchige Kleine Saal im Obergeschoss ist die ehemalige Rinderschlachthalle die multifunktionale Attraktion des Hauses. Es ist immer wieder verblüffend, wie variabel der Raum mit den acht massiven gusseisernen Säulen genutzt wird. Bei Theaterstücken sind diese regelmäßig ganz gezielt ins Bühnenbild integriert. Wobei Stammgäste bei Veranstaltungen mit freier Platzwahl vorsichtshalber etwas früher kommen. Manchmal können die Säulen schon nervig sein und den Blick auf das Geschehen verstellen.

Trotz dieses kleinen Mankos genießt das Kulturforum einen guten Ruf. Ob beim Klezmer- oder Figurentheater-Festival, ob bei Jazzkonzerten, Literaturfesten oder den alternativen »Dullnraamer«-Prunksitzungen an Fasching: Im Zeichen des Stiers regiert die Vielfalt – und zwischen den acht Säulen kocht immer wieder die Begeisterung hoch. Hinterher kann man sich auf der Terrasse mit einem Rednitzblick abkühlen. Unschlagbar idyllisch!

Adresse Würzburger Straße 2, 90762 Fürth; einen kleinen Parkplatz gibt es nebenan, Fahrradstellplätze direkt vor der Tür | **ÖPNV** U 1, Haltestelle Stadthalle | **Tipp** Weil die Stadt hartnäckig war, ist die Saturn-Filiale nebenan durchaus ansehnlich geworden. Und die Fassade zum Hof des Kulturforums wird inzwischen für Open-Air-Kino genutzt.

83 Die Lindenallee

Bunte Hügel statt Gleichschritt

Es hat etwas gedauert, bis die 350 Linden gewachsen sind. In Dreierreihen wurden sie 2003 am Rand der früheren William-O.-Darby-Kaserne zwischen Flößau- und Fronmüllerstraße gepflanzt. Ein symbolträchtiger Akt, denn lange hatten im Gleichschritt marschierende Soldaten den Takt vorgegeben. Nun stehen zwar auch Bäume in Reih und Glied, doch Grün und Ruhe statt Grau und Kommandoton sind angesagt. Die Allee mit den Linden, die alle von der renommierten Baumschule Ley aus Meckenheim am Rhein stammen, hat im 2004 eröffneten Südstadtpark ein grünes Ausrufezeichen gesetzt, das langsam immer höher und breiter wird.

1890 hatte hier die Fürther Ära als Garnisonsstadt begonnen. Artillerie-, Infanterie- und Trainkaserne wurden mit Gleisanschluss errichtet. Nach dem bayerischen König, dem deutschen Kaiser und dem NS-Regime übernahmen 1945 die US-Streitkräfte das Areal, die es im Dezember 1995 räumten, woran heute nur noch eine Tafel am Marmarisplatz erinnert. Damals hieß das: Weitere 42 Hektar brauchten in Fürth eine neue Nutzung.

1996 folgte ein städtebaulicher Wettbewerb, der zu einem Konzept führte, das zehn Jahre später Preise einheimste und noch immer Stadtplaner aus der ganzen Welt anzieht. Entstanden ist ein neues Wohnviertel mit modernen Stadthäusern und prächtig sanierten Ex-Pferdeställen, das die ganze Südstadt aufgewertet hat. Das Herzstück ist der neun Hektar große und 5,3 Millionen Euro teure Park, der viel Rasenfläche, eine 1,3 Kilometer lange Laufrunde und mehrere Spielplätze bietet.

Da joggen, boulen, skaten, sitzen und kicken Alt und Jung in der »Südstadt-Seleção«, während Kinder auf den sieben bunten Hügeln herumklettern und balancieren. Grünplaner Gerd Aufmkolk, der auch das Freiflächenkonzept des Südstadtparks entwarf, hat diese Spielplatzattraktion mitgestaltet. Und man darf gespannt sein, ob in zehn Jahren das Lindenblätterdach die Hügel bedeckt.

Adresse Südstadtpark, 90763 Fürth-Südstadt | **ÖPNV** Bus 173, Haltestelle Südstadtpark | **Tipp** Der Ovalverkehr neben dem Sofienheim, der aufwendig mit Zypressen, Lavendel und Palmen mediterran bepflanzt wurde, war 2008 ein Fürther Novum in der Fronmüllerstraße. Die Palmen erfroren gleich im ersten kalten Winter – das vorläufige Ende des Blumenriviera-Flairs am Südstadtpark.

84__Das Logenhaus

Im Namen von Wahrheit, Schönheit und Harmonie

Das Gebäude fesselt einen auf den ersten Blick. Wie es monumental dasteht und doch so feinsinnig wirkt. Ein klassischer Kubus, der einen mit Rundbögen, Säulen und Kapitellen begrüßt, die mit ihren vielen Verzierungen etwas Barockes haben. Trotzdem wirkt der 22 Meter lange und 34 Meter tiefe Palast mit seinen drei Etagen weder protzig noch kitschig, sondern bis ins Detail wohlkomponiert.

Der Nürnberger Architekt Leonhard Bürger hat das 1890/91 errichtete Sandsteingebäude an der Dambacher Straße entworfen. Wie vier Jahre zuvor in der Nachbarstadt übersetzte er mit den Stilmitteln der Neorenaissance die Ideen des Freimaurertums in ein stimmiges Gebilde aus Stein. Und das so überzeugend, dass für viele das Logenhaus das schönste Gebäude von Fürth ist.

Die Loge »Zur Wahrheit und Freundschaft« konnte es sich leisten, weil ihr damals viele wichtige und betuchte Persönlichkeiten angehörten. Das hat sich etwas geändert. Obwohl sich Freimaurer überkonfessionell nur den Idealen des Humanismus verpflichtet sehen, kursiert das Vorurteil, dass sich dahinter ein irgendwie suspekter Geheimbund verbergen würde. Was auch damit zu tun haben kann, dass zwei der sieben Logen, die sich hier treffen, eine Nähe zum leicht mysteriösen Druiden-Kult haben, und zudem die Geschlechter im Tempel unter sich bleiben.

Ungeachtet dessen ist das Logenhaus ein weltoffener Ort, wo es Vorträge und Führungen gibt und regelmäßig ein Preis für bürgerschaftliches Engagement vergeben wird. Zudem wird der schmucke Festsaal, der 2003 mit dem ganzen Haus zum 200-jährigen Bestehen der ersten Fürther Loge aufpoliert wurde, gern für Hochzeiten gemietet. Im Zeichen von Auge, Zirkel und Winkelmaß ergibt das mit dem schönen Garten und den zwei Frauengestalten am Giebel, die Wahrheit und Freundschaft symbolisieren, einen Ort der Harmonie. Inklusive der weisen Botschaft für alle: »Erkenne dich selbst.«

Adresse Dambacher Straße 11, 90763 Fürth-Südstadt | ÖPNV Bus 173, 174, 177, Haltestelle Amalienstraße | Tipp Gleich unterhalb des Logenhauses geht es runter ins Rednitztal. Von dort führen schöne Wanderwege in alle Richtungen – und über den Kleeblattweg kommt man hoch in den Stadtwald.

85 Die Ludwig-Erhard-Büste

Wunder gibt es immer wieder

Natürlich muss der Vater des Wirtschaftswunders vor der zentralen Anlaufstelle für Investoren stehen. Aber es hat gedauert, bis es am 5. Juli 2002 so weit war. Und das hing wohl damit zusammen, dass es Zeiten gab, in denen man sich in der von der SPD regierten Heimatstadt von Ludwig Erhard etwas genierte, weil der CSU-Politiker einst als Bundeskanzler am Ende kläglich gescheitert war.

Schwamm drüber, dachte sich der Verein »Ludwig-Erhard-Initiativkreis Fürth«, der mit gut zwei Dutzend Förderern für die Büste vor dem Wirtschaftsrathaus sorgte. Seitdem schaut der Bundeswirtschaftsminister von 1949 bis 1963 und zweite Kanzler der Bundesrepublik (1963 bis 1966) mit offenen Augen und fest verankert auf einer viereckigen Stele in seine Heimatstadt. Angesichts des wirtschaftlichen Aufschwungs, den Fürth seitdem erlebt hat, könnte man meinen, dass der 1897 geborene Erfinder der sozialen Marktwirtschaft zu einem Maskottchen für seine Heimatstadt geworden ist.

Als zweite Ehrung Erhards wurde folglich im März 2010 ein paar hundert Meter weiter das Stadtmuseum in der Ottostraße 2 nach dem Wirtschaftswissenschaftler umbenannt. Im 1869 errichteten Gebäude hatte er einst die Schulbank gedrückt – wie Quelle-Gründer Gustav Schickedanz, Verleger Leopold Ullstein oder Schriftsteller Jakob Wassermann.

Den dritten Akt der Verbeugung haben Bund, Land und Stadt im Rahmen einer Ludwig-Erhard-Konferenz im Herbst 2013 festgezurrt. Ein Ludwig-Erhard-Haus wird demnächst als eine Art Dokumentationszentrum auf einem freien Grundstück der Stadt direkt neben dem Rathaus für zehn Millionen Euro errichtet, sofern die Finanzierung nicht mehr wackelt. Und da sein Geburtshaus vis-à-vis einbezogen werden soll, wurden erste Stimmen laut, denen die »Erhardmanie« zu viel wird. Der Ludwig scheint sich, wenn man die Büste genau ansieht, eins zu grinsen. Tja, Wunder gibt es immer wieder.

Adresse Königsplatz 1, 90762 Fürth-Innenstadt | ÖPNV U1, Haltestelle Rathaus | Tipp Im früheren Gebäude der Sparkasse direkt nebenan residiert die städtische »kunst galerie«. Leiter Hans-Peter Miksch hat ein Händchen für interessante Künstler und spannende Ausstellungsprojekte.

86__Der Mariensteig

Durchblick mit Sogwirkung

Aus der Ferne glaubt man seinen Augen kaum, so irre ist der Durchblick. Gefesselt von der Aussicht auf die spätklassizistischen Fassaden, zieht es einen förmlich nach oben. Es sind 46 Stufen von der Pfister- zur Marienstraße, wo bei Hausnummer 40 ein dreigeschossiges Sandsteingebäude mit Rundbogentor steht, entworfen vom renommierten Architekten Johann Christoph Kißkalt, von dem auch die vier roten »Arbeiterhäuser« ein paar Meter weiter zwischen Erlen- und Denglerstraße stammen.

Der Mariensteig hat eine klare Funktion: Für die Häuserzeilen, die im späten 19. Jahrhundert am Rand der Innenstadt hochgezogen wurden, brauchte es eine schnelle Verbindung in beide Richtungen. Insbesondere zur Rednitz und zur früheren Badeanstalt. Also ging es schnurstracks runter zur Badstraße. Eine aus heutiger Sicht null Komma null behindertengerechte Verbindung, die bei Frost gefährlich glatt sein kann.

Trotzdem übt die steinerne Treppe eine gewaltige Sogwirkung aus, die man täglich beobachten kann. Da treffen sich Kinder, um unter dem Bogen Fußballerbilder zu tauschen und ins Album einzukleben. Zudem ist ein stetiges Männlein- und Weibleinlaufen zu beobachten – manchmal trainieren sogar ambitionierte Sportler, indem sie die Stufen immer wieder hoch- und runterrennen.

Rings um den Mariensteig gibt es noch so manche Besonderheit. Wie den Mariensteigstollen – ein Gewölbe, das unter dem Viertel verläuft. Oder die denkmalgeschützten Gründerzeithäuser entlang der Marienstraße, die ideal für historische Aufnahmen sind. Mitte August 2013 drehte Hans Steinbichler einen Film über Kurt Landauer mit Josef Bierbichler in der Titelrolle. Eine Querstraße neben dem Mariensteig, die Mathildenstraße, taucht im Film »Dreiviertelmond« von 2010 mit Elmar Wepper auf. Geschichtsträchtig ist auch die Mathildenstraße 23: das Geburtshaus von Ex-US-Außenminister Henry Kissinger.

Adresse bei der Marienstraße 40, 90762 Fürth | **ÖPNV** Bus 172, Haltestelle Theaterstraße | **Tipp** Über die Pfister- und Blumenstraße kommt man zum alten jüdischen Friedhof. Er kann bei Führungen besichtigt werden.

87 Die Mevlana-Moschee

Mit den kleinsten Minaretten der Welt

Die Vergangenheit klebt noch an den Türen. »Push« und »Pull«, steht dort geschrieben, was mit der Zeit als Offiziersgebäude zu tun hat. Im Dezember 1995 räumte das US-Militär auch dieses Südstadt-Gebäude, das jahrelang leer stand, bis es das Türkisch-Islamische Kulturzentrum Fürth im Oktober 2000 erwarb. Damit endete die Suche des 1994 gegründeten Vereins, der zur gemäßigten Glaubensorganisation »Ditib« gehört. Entsprechend der liberalen Ausrichtung können auch Nichtmuslime gern die Mevlana-Moschee im Obergeschoss besuchen. Außerhalb der fünf Gebetszeiten am Tag, versteht sich.

Erst im Februar 2006 fand die offizielle Einweihung statt. 1,2 Millionen Euro Spenden und unzählige Arbeitsstunden hatten die Mitglieder investiert, bis der Gebetsraum fertig war. Inklusive zigtausend blumiger Fliesen an den Wänden, dreier Kronleuchter an der Decke und dem rot-blau-beigefarbenen Teppich, auf dem sich bis zu 400 Muslime in sieben Reihen zum Beten versammeln können. Große Fotos von der Kaaba in Mekka und der Moschee in Medina erinnern daran, dass islamische Sakralbauten eigentlich Minarette haben, wodurch sie von Weitem sichtbar sind und der Muezzin zu hören ist.

Der Wunsch nach einem solchen Turm ging auch hier nicht in Erfüllung, doch der Verein konnte zumindest am Eingang des Kulturzentrums einen kleinen Kompromiss erzielen. Zusammen mit einer dunkelblauen Kuppel bilden zwei schlanke olivgrün-zartgelb gestreifte Pfeiler mit markanter Spitze und goldenem Halbmond einen passenden dekorativen Wetterschutz zum Mehrzweckraum, der für Vorträge ebenso genutzt wird wie für Tanzstunden und Feste. Vorne an der Flößaustraße sind die Türmchen nicht zu sehen, erst wenn man um die Ecke und vorbei am zentrumseigenen Döner-Imbiss in die Steubenstraße einbiegt, erblickt man die vermutlich kleinsten Minarette der Welt. Im Teehaus gegenüber wird täglich ab 10 Uhr heißer Chai serviert.

Adresse Steubenstraße 13, 90763 Fürth-Südstadt, Kontakt unter Tel. 0911/3941531 | **ÖPNV** Bus 173, Haltestelle Flößaustraße | **Tipp** Bei einem Streifzug durch das ehemalige Kasernen-Areal sieht man neben den ziegelroten Pferdestallungen, in denen Lofts entstanden sind, auch den lang gezogenen grauen Gebäuderiegel, wo früher die Soldaten wohnten – mit dessen Umbau begann die Erfolgsgeschichte der Baufirma P&P.

88 Der Monster-Keller

Ungeheuer spaßig im Untergrund

Es geht 19 Stufen abwärts. Dann steht man im weiß gemauerten Gewölbe, das sich rasch verzweigt und rötlich wird. Obwohl es elektrisches Licht gibt, sollte man eine Taschenlampe dabeihaben. Hier unten ist es nämlich nicht nur feucht und zwölf Grad kühl, sondern weiter hinten auch stockdunkel. Es kann einen zehn bis zwölf Meter unter der Erde also schon gruseln. Ein ideales Ambiente für die pfiffig-spaßigen Monster des Fürther Künstlers Patrick Preller, die 2004 für die Wiederbelebung des sagenumwobenen Grüner-Kellers unterhalb des Klinikums sorgten.

Die erste Schau mit den grinsenden Metallfiguren war ungeheuer erfolgreich. Da es viele Unterstützer gab, gründeten Preller und seine Kompagnons Kamran Salimi und Richard Linz im Sommer 2005 den Verein Untergrund. Mit dem Ziel, das ab 1865 von der Grüner-Brauerei gebuddelte »Loch, das jeder kannte, der hier wohnte«, unter die Lupe zu nehmen und wieder begeh- und erlebbar zu machen.

Heute noch findet man Spuren des Ausbaus zum Bunker für über 1.000 Menschen im Zweiten Weltkrieg, aber auch von den Anfängen für ein atombombensicheres Krankenhaus im Untergrund im Jahr 1981, was aber über Spritzbetonverkleidungen nicht hinauskam. Rund 1.800 Quadratmeter Fläche hat der Keller, der auch filigrane Kreuzrippenkonstruktionen aufweist – und gut in Schuss ist, wie das Bergbauamt bestätigt hat.

Auf Baumwurzeln und rostige Reste einer Starkstromleitung trifft man hier unten ebenso wie auf ein paar kleine und große Preller-Monster, inklusive einem 250 Kilogramm schweren Prachtstück. Abgesehen von bildender Kunst locken Krimilesungen, Filme, Experimentelles und Führungen ins Gewölbe, wo sich an den Wänden auch Fans von Deep Purple und den Commodores verewigt haben. Historisches geschah am 29. September 2011, als das erste Fass des neu aufgelegten Grüner-Biers präsentiert wurde. Dies führte zum Schriftzug »Grüner-Bräu Keller« über der Eingangstür!

Adresse Robert-Koch-Straße, 90766 Fürth-Eigenes Heim, www.untergrund-fuerth.de | ÖPNV Bus 171, 175, Haltestelle Robert-Koch-Straße | Tipp Auf dem Gelände des Klinikums, in der Robert-Koch-Straße 41, befindet sich das Dialysemuseum Fürth, wo die Entwicklung der Nierenersatztherapie von der Antike bis in die Neuzeit dokumentiert wird.

89__Die Musikschule

Swingende Insel im Grünen

Musik liegt in der Luft. Das merkt man sofort, wenn man sich den zwei roten Backsteinhäusern mit dem blauen Mittelbau nähert. Da kommen einem die Akkorde des Rockgitarrenklassikers »Lady in Black« entgegen, da perlen Tonleitern aus einem Piano, während unten ein geradliniger Bumm-Tscha-Schlagzeug-Takt pulsiert. Zusammen ergibt das einen witzigen Soundbrei, der niemanden ernsthaft stört, weil die Musikschule seit 2006 im Südstadtpark liegt – als eine klingende Insel mitten im Grünen.

Zuvor war die Einrichtung, die von einem Verein getragen wird, 20 Jahre lang in einem Ex-Fabrikgebäude in der Kaiserstraße untergebracht, wo das Schild der städtischen Sing- und Musikschule noch immer im Fenster hängt. Plakate und Konzertfotos erinnern im neuen Domizil noch an frühere Zeiten, aber im Mittelpunkt steht die Gegenwart. Von afrikanischen Trommeln über Geige, Oboe und Sitar bis zum Xylophon reicht die Instrumentenpalette, die rund 1.700 kleine und große Schüler bei 60 Pädagogen lernen. Das sorgt bis zum Abend für Betrieb, wenn Combos und Orchester in allen Stockwerken proben.

Darunter gibt es mehrere Bands, in denen Menschen mit und ohne Handicap zusammen spielen. Hier gilt Musikschulleiter Robert Wagner bundesweit als Vorreiter. Er hat das »Fürther Inklusive Soundfestival« ins Leben gerufen, das unter dem Kürzel FIS seit 2007 alle zwei Jahre stattfindet. Ein Fixpunkt ist auch der alljährliche Jazz-Workshop Anfang Januar, bei dem Jung und Alt vier Tage in die Welt von Swing und Bebop eintauchen und zum Finale im hauseigenen Konzertsaal auftreten.

Livemusik spielt überhaupt eine große Rolle, ob bei Vorspielnachmittagen oder am Tag der offenen Tür. Und auch beim Down- und Metropolmarathon sind viele Musikschulcombos dabei. Richtig groß wird es, wenn im Sommer hinter der Musikschule das Klassik-Open-Air mit den »Jungen Fürther Streichhölzern« stattfindet. Immer wieder ein Genuss!

Adresse Südstadtpark 1, 90763 Fürth-Südstadt | **ÖPNV** Bus 179, Haltestelle Südstadtpark | **Tipp** Am Rand des Parks steht viel bildende Kunst, darunter der »Visionär«-Kopf von Rudolf Henninger am Xylokastroplatz, das lachende Metall-Monster von Patrick Preller an der Fronmüllerstraße und im Westen der Beton-Gorilla von Christian Rösner und die vier »Jimmys« der schwedischen Künstlergruppe GORA art&landscape aus Malmö, die abends so schön orange leuchten.

90_Die Neue Mitte

Zwischen Hoffen und Bangen

Es musste etwas passieren. An der Rudolf-Breitscheid-Straße waren 2003 im Fiedler-Modehaus die Lichter ausgegangen; eine Zwischennutzung jagte die nächste, während das alte Parkhotel, das Wölfel-Gelände und das City-Kinocenter in den Seilen hingen. Während ältere Semester von goldenen Zeiten schwärmten, zeigten immer mehr Fürther der alten Mitte die kalte Schulter und fuhren zwölf Minuten per U-Bahn zum Weißen Turm in die »Ostvorstadt«. Zumal das City-Center, seit Herbst 1985 zwischen König-, Alexander- und Schwabacher Straße auf dem früheren Geismann- und Humbser-Brauerei-Gelände ansässig, immer weniger zu bieten hat.

Es wurde Zeit für eine Neue Mitte. Doch der erste Anlauf mit einem portugiesischen Konzern floppte 2008. Die Planung mit überdachter Straße stieß auf Widerstand – und da der Eigentümer eines zentralen Grundstücks nicht mitspielte, platzte das Projekt. 2010 folgte der zweite Anlauf, nachdem die Stadt alle benötigten Grundstücke erworben hatte. Investorensuche und Architektenwettbewerb führten in einem Abstimmungsmarathon zu einem Ergebnis: Die Firma MIB wird mehrere neue Gebäude mit 13.000 Quadratmetern für Einzelhandel und 3.000 Quadratmetern für Büros errichten. Doch dass plötzlich mit dem Segen der Stadt auch der denkmalgeschützte Festsaal des Parkhotels abgerissen wurde, sorgt heute noch für Kopfschütteln und Kritik an der Stadtspitze.

Seit Herbst 2013 rollen die Bagger, Kräne surren bis in die Abendstunden, an Bauzäunen kann man das Wachsen der Neuen Mitte beobachten. Die einen hoffen auf eine Initialzündung für den Einzelhandel, andere bangen, dass am Ende wie beim City-Center mit seinen 26.000 Quadratmetern Nutzfläche viele Läden leer stehen. In der Moststraße gibt es gegenüber vom Zentralrad-Laden schon ein Stück Musterfassade. Sie zeigt, wie Sandstein und Glas rund und kantig im Stil der historisierenden Moderne harmonieren sollen. Man darf gespannt sein und nebenan im »Café am Park« schön darüber streiten.

Adresse zwischen Rudolf-Breitscheid-, Friedrich-, Hall- und Moststraße, 90762 Fürth-Innenstadt, www.neue-mitte-fuerth.de | ÖPNV U 1, Haltestelle Hauptbahnhof | Tipp Wer nicht einkaufen, sondern etwas für seine Bildung tun will, geht die Rudolf-Breitscheid-Straße geradeaus durch bis zur Hirschenstraße, wo sich in der Hausnummer 27 im früheren Sparkassen-Gründerzeithaus, erbaut von Otto Holzer, die städtische Volkshochschule befindet. Ein bisschen weiter residierte einmal die legendäre Disco »Kitsch« in der Hirschenstraße 17.

91 Der Pappelsteig

Die Vier-Jahreszeiten-Attraktion

40–28–37: Das sind die Maße des Pappelsteigs, der sich von der Kurzstraße durch die Wiesen rüber zum Espan erstreckt. Dahinter verbirgt sich eine dreireihige Allee aus Silberpappeln, die um 1950 gepflanzt wurden. Die eine hat 40, die mittlere 28 und die dritte 37 Bäume. Und in der Mitte verläuft nicht nur ein Fuß- und Radweg, sondern auch ein hölzerner Steg, der auch außerhalb von Hochwasserzeiten geöffnet ist. Und das hat wohl damit zu tun, dass die Durchquerung des Pappelsteigs zu allen Jahreszeiten eine Attraktion ist.

Im frühen Winter bilden die grauen Stämme ein silbernes Band, wodurch es im Pegnitzgrund herrlich schillert. Das erste Grün an den Blättern sorgt derweil im Frühjahr für einen zarten, ganz speziellen und fast schon in Richtung Jade driftenden Farbton – so bezaubernd kann stadtnahe Natur sein! Wer in den Sommer- und frühen Herbstmonaten an windigen Tagen vorbeijoggt oder -spaziert, kann ein packendes Blätterrauschen erleben, während sich im Spätherbst fast täglich eine Stippvisite lohnt, weil die Allee einen teils rasanten Färbeprozess durchmacht, bis sie plötzlich kahl und starr dasteht.

Richtig surreal kann es im Umkreis des Pappelsteigs regelmäßig für ein paar Tage werden, wenn sich im Frühjahr massenhaft die Blüten und Pollen nebenan auf den Wiesen ballen und die beliebten Spielfelder der Freizeitfußballer in ein neuschneeartiges Matschweiß tauchen. Vom Holzsteg winken witzige Perspektiven auf die Kicker, die sich verwundert bis belustigt durch die ungewöhnliche Rasenbedeckung kämpfen.

Bei realem Schneefall werden die über hundert Pappeln dagegen zu einer weißen Wand, mit der Aura des Gespenstischen. Fürchten muss man um das Naturschauspiel aber nicht wirklich: 80 bis 100 Jahre werden Silberpappeln alt. Und das Grünflächenamt pflanzt seit Jahren gezielt nach, damit es keine Lücken gibt, falls doch mal ein Baum umfällt.

Adresse Zugang am schnellsten über An den Gärten, 90765 Fürth-Espan, oder über die Otto-Seeling-Promenade, 90762 Fürth-Innenstadt | **ÖPNV** U 1, Haltestelle Jakobinenstraße, oder Bus 175, Haltestelle Schilfweg | **Tipp** Ein paar Meter ostwärts geht es hoch zur Kleinen Mainau – eine romantische, leicht versteckt gelegene Grünanlage, wo nebenan eine rötliche Heilquelle sprudelt.

92 Die Paulskirche

Ausguck auch für Wanderfalken

Die graugrüne Spitze erinnert an einen riesigen Bleistift, der sich senkrecht in den Himmel bohrt. Und das 70 Meter hoch, womit die Kirche St. Paul nicht nur ein mächtiger Fixpunkt in der Südstadt ist, sondern auch das höchste Gotteshaus in Fürth. Was kein Zufall ist, denn als 1882 der Kirchenbauverein gegründet wurde, um im kräftig wachsenden Gebiet südlich der Bahngleise einen Neubau zu errichten, sollte dieser nicht zuletzt das Selbstbewusstsein der Südstädter ausdrücken.

Von 1898 bis 1900 entstand die Paulskirche nach Plänen des Münchner Architekten Karl Lemmes im neugotischen Stil. Finanziert wurde sie von vielen Stiftern, allen voran vom Kommerzienrat Ludwig Winkler. Für die Mauern verwendete man Quader aus dem Steinbruch Katzenstein im Stadtwald, und neben dem Kirchturm sticht auch der direkt an die Amalienstraße gesetzte Haupteingang ins Auge, vor dem heute noch die Reste der Kutschenzufahrt zu erkennen sind.

Nach 1945 mussten Kriegsschäden beseitigt werden. Und es war der Unternehmer Gustav Schickedanz, der die schmucken Chorfenster 1957 zur Konfirmationsfeier seiner Tochter Madeleine spendierte. Jahrelang sorgten Familienfeste und auch die Trauerfeier für den Quelle-Chef für einen gewissen Pomp, sodass ein Hauch von London durch St. Paul wehte.

Wegen der ausgezeichneten Akustik und der größten Orgel im Dekanatsgebiet gibt es regelmäßig Konzerte im Kirchenschiff. Seit Sommer 2013 kann man zudem dank des Engagements von Pfarrer Martin Adel wieder den Turm besteigen. Es sind 161 gegen Ende ziemlich steile Stufen zu bewältigen, doch der Weg lohnt sich: Von den vier Ecktürmchen hat man eine tolle Aussicht. Und während obendrüber die Jungen der Wanderfalken, die seit 2002 in der Turmspitze nisten, lautstark fiepen, sind alle Kirchtürme Fürths zu identifizieren – bis auf einen: den von St. Michael in der Altstadt. Und das ist garantiert auch kein Zufall.

Adresse Dr.-Martin-Luther-Platz 2, 90763 Fürth-Südstadt, www.sankt-paul.de | ÖPNV Bus 177, 179, Haltestelle Paulskirche | Tipp Direkt nebenan ist der gelungene moderne Gemeindehausneubau, und etwa 500 Meter weiter steht auf früherem St.-Paul-Gemeindegebiet mit Maria-Magdalena der jüngste, 2008 geweihte Kirchenneubau von Fürth – klein, aber fein ins neue Sofienheim an der Liesl-Kießling-Straße 65 integriert.

93 Die Pegnitzinsel

Zurück zur Natur mit Robinson-Crusoe-Feeling

Es gab immer wieder Phasen, in denen Flüsse auf Teufel komm raus gezähmt, verbaut und begradigt wurden, wie im Pegnitztal in den 1930er und 1950er Jahren geschehen. Man meinte, je schneller und direkter das Wasser von A nach B kommt, desto unwahrscheinlicher wird eine Überschwemmung. Ein Trugschluss, wie sich herausstellen sollte. Zugleich ein mehr oder weniger großes Verbrechen an der Natur, weil gewachsene Flusstäler kaputt gemacht wurden und an verödete Kanäle erinnerten – ein Trauerspiel!

Als die Erkenntnis durchsickerte, fingen in den Behörden die Uhren an, anders zu ticken. Hinter den Ufern reiften die Pläne für Renaturierungsprojekte. »Zurück ins alte Flussbett« hieß die Marschroute. Und ohne sich weiter um die Nürnberg-Fürther Stadtgrenze zu kümmern, entwickelte das staatliche Wasserwirtschaftsamt verschiedene Projekte, die abschnittsweise realisiert wurden.

Ein richtiges Schmuckstück ist vor gut zehn Jahren zwischen der Uferstadt und dem neuen Röllingersteg entstanden, der für 1,6 Millionen Euro gebaut wurde. Zwei weit ausufernde Schlingen wurden auf 800 Metern Länge angelegt. Dazwischen war genug Platz für eine Insel, auf der die Natur endlich mal munter vor sich hin wachsen durfte.

Ein richtiger kleiner Urwald ist inzwischen entstanden, der Robinson-Crusoe-Gefühle weckt. Kein Wunder, dass gegrillt wird und Lagerfeuer geschürt werden. Und an heißen Sommertagen hüpfen Klein und Groß samt Hunden auch mal in den Fluss, selbst wenn das Baden bisher offiziell (noch) nicht erlaubt werden konnte, weil die Wasserqualität wegen des nahen Nürnberger Klärwerks nicht immer unbedenklich ist.

Die meisten Pegnitzinseldschungelgäste beschränken sich aber darauf, die Füße mal ins Wasser zu halten. Am Ufer hat der Fluss inzwischen ein paar schmale Sandstrandflecken gebildet, die gar nicht zur Planung gehörten. Ein schöner Zug der Natur.

Adresse zu erreichen über die Jakobinenstraße und den Röllingersteg oder die Uferstadt und den Quellensteg, 90762 Fürth-Innenstadt | ÖPNV U1, Jakobinenstraße | Tipp Gleich nebenan bietet der hölzerne »Frogsteg« eine schöne Gelegenheit, um naturnah am Ufer entlangzuspazieren.

94__Die Pfarrgasse

Unheimlich märchenhaft

Sie ist so winzig, dass sie in einigen Stadtplänen nur ein Strich ist. Und man kann auch leicht dran vorbeilaufen, so unerwartet zweigt die Pfarrgasse linker Hand von der Oberen Fischerstraße ab. Ein Sperrpfosten und das blaue Fußgängerschild machen zudem deutlich, dass dieser Kopfsteinpflasterweg nicht für alle ist. Jedenfalls nicht für Autos. Man würde am Ende vor einem scharfen Knick und vor einer steilen Treppe nach unten stehen – wehe dem, der hier rückwärts wieder rausfahren muss!

An der Ecke empfangen einen rosa Hortensien, ein Sandsteinmauerrest und eine weiße Fee auf einem lila angemalten Stromkasten sowie ein scheinbar aus dem Nichts kommendes Bäumchen und ein turmartiges Hexenhaus, an dem drei Hirschgeweihe hängen. Es liegt also etwas Märchenhaftes in der Luft. Dazu passt die Geschichte vom Schwedenkönig Gustav Adolf, der anno 1632 mehrfach hier durchspaziert sein muss, als er vom Gasthaus Grüner Baum zum Pfarrhof ging, wo er genächtigt haben soll.

Mittelalterliche Fachwerkhäuser gibt es nicht mehr, am Ende des Dreißigjährigen Kriegs waren so gut wie alle Gebäude rund um die Michaeliskirche zerstört. Aus der ersten Hälfte des 18. Jahrhunderts stammt das denkmalgeschützte Eckhaus, das unten mit Sandsteinen gemauert ist und auf dessen zwei extraschmale Obergeschosse noch ein spitzes Giebelzwerchhaus draufgesattelt ist. Die graue Schieferfassade ist fein komponiert – ähnliche Handwerkskunst findet man im Umkreis der Gustavstraße häufiger.

Wer die Pfarrgasse langsam durchgeht, spürt den Sinn für das Malerische, das hier blüht. Über umrankten Mülltonnen sind Tierfiguren in ein Hochbeet integriert. Aus dem dichten Sammelsurium an Pflanzkübeln grüßen Skulpturen und Windrädchen, flankiert von Gartentischen mit Klappstühlen. Hier sitzt man abends draußen. Und hinten thront neben der uralten Laterne ein Rabe. Regungslos wie ein Wächter – und etwas unheimlich.

Adresse Pfarrgasse, 90762 Fürth-Altstadt | ÖPNV U1, Haltestelle Rathaus | Tipp Über die Pfarrgasse kommt man zur Michaeliskirche, deren Grundmauern bis ins 11. Jahrhundert zurückreichen. Außenrum sitzen beim Grafflmarkt jede Menge Kinder, die auf Decken ihre ausrangierten »Schätze« anbieten.

95__Die Pyramide

Blaustich, Kunst und Pharaonen

Sie hat einen Blaustich. Das merkt man erst, wenn man vor der gläsernen Pyramide steht. Sie ist 32 Meter hoch, der Grundriss beträgt 50 mal 50 Meter und der Neigungswinkel 54 Grad. Je nach Wetter, Wolken und Sonnenstand sieht sie anders aus, von gleißend hell bis monumental dunkelgrau. Und wenn sich die Figur im Main-Donau-Kanal spiegelt, meint man glatt, ein Schiff habe etwas an der Stadtgrenze zu Nürnberg verloren.

Im September 1994 gingen die Türen zum Viereinhalb-Sterne-Hotel auf, das neben 104 Zimmern ein Tagungszentrum mit 22 Sälen besitzt, in das 2.500 Gäste passen. Internationales Flair ist Trumpf, sonntags werden auch Einheimische angezogen, wenn ab 11.30 Uhr zum üppigen Brunch geladen wird. Eine Schau ist die Aussicht, die jeder Raum in dem Bauwerk mit 2.200 Einzelscheiben bietet, dessen Reinigung per Hand und Spezialanlage vier Wochen dauert.

Umgeben ist die Pyramide von einem Krankenhaus, lange EuromedClinic und aktuell Schön Klinik genannt, wo mittlerweile auch Kassenpatienten behandelt werden. Obwohl es einen direkten Zugang und gemeinsame Versorgungsbereiche gibt, läuft das Hotel geschäftlich völlig eigenständig. Besonders beliebt bei Hochzeitspaaren ist die Cleopatra-Suite mit Whirlpool und Wasserbett für 320 Euro die Nacht. Am luxuriösesten ist die Pharaonen-Suite im sechsten Stock, die einen eigenen Konferenzraum hat.

In der ersten Etage sorgt die Galerie Kannegiesser für moderne Kunst, inklusive der engelartigen Porträts des Malers Frank Vaders. Das Werk »Roter Kopf« erinnerte so stark an den US-Präsidenten Barack Obama, dass dieser es 2013 offiziell als Geschenk bekam. Großes Kino, zu dem der rote Teppich am Eingang ebenso passt wie der »Cleopatra-Salat« mit Knoblauchgarnelenspieß im Restaurant Keops. Ein bisschen ägyptisch ist okay. Und nachts leuchtet es blau ganz oben unter der Spitze. Wie ein Wink der Pharaonen.

Adresse Europaallee 1, 90763 Fürth-Südstadt, www.pyramide.de | **ÖPNV** Bus 177, Haltestelle Europaallee | **Tipp** Als Kontrast zur Pyramide steht gegenüber der gläserne Zylinder der Schön Klinik – ein modernes Stück Architektur, das bizarre Spiegelbilder erzeugt. Und übrigens: Eine gläserne Pyramide gibt es auch in Las Vegas – sie ist ein Vielfaches größer, aber nicht unbedingt schöner.

96__Der Rathaus-Campanile

Florentinisches Flair und ein Hauch von Hollywood

Die Römer kamen nie bis Fürth, dafür haben es die Florentiner geschafft, sich in der Kleeblattstadt an zentraler Stelle zu verewigen. Dafür genügte der Baustil ihrer Paläste und Türme, allen voran des berühmten Palazzo Vecchio in Florenz, der Pate beim Fürther Campanile stand.

Der Turm, dessen Höhenangabe zwischen 54,90 und 55,10 Metern schwankt, bildete um 1850 das i-Tüpfelchen beim ab 1840 entstandenen Rathauskomplex. Und so schlank, quadratisch und elegant, wie er seitdem in den Himmel ragt, so selbstbewusst schickt er allseits stolze Grüße von der Kleeblattstadt in die Welt hinaus.

Kein Wunder also, dass die Fürther ihren Rathaus-Campanile lieben. Und gern steigen sie in 15er-Gruppen am Tag der offenen Tür empor zur 45 Meter hoch gelegenen Aussichtsplattform. Über 127 Stufen, die im dritten Stock gleich neben dem Amtszimmer des Oberbürgermeisters beginnen. Oben winkt ein Rundumblick auf die Altstadt mit den steil aufragenden Giebeln, dem Turm von St. Michael und dem vielen Grün außen herum. Auch die Betonklotzsünden beim Hauptbahnhof oder auf der Hardhöhe sind zu sehen – und natürlich die Kräne der Neuen Mitte, die der kränkelnden Einkaufsmeile mit dem völlig verödeten City-Center den lang ersehnten Aufschwung bringen soll.

Der Campanile steht derweil symbolisch über den Dingen und macht von allen Seiten eine gute Figur – gerade abends, wenn er von Scheinwerfern dezent effektvoll in Szene gesetzt wird. Es geht aber auch anders, wie alle Jahre wieder während der Fürther Kirchweih, in der Weihnachtsmarktzeit und während der Nürnberger Spielwarenmesse zu erleben ist. Dann erglühen nach Einbruch der Dunkelheit 1.950 Sechs-Watt-Energiesparlampen. Überall am Mauerrand, an den Zinnen und am Fensterrahmen sind sie angebracht und verbreiten einen Hauch von Hollywood. Gerade aus der Ferne betrachtet, hat die Kitschkulisse etwas Surreales.

Adresse Königstraße 86/88, 90762 Fürth-Innenstadt | **ÖPNV** U1, Haltestelle Rathaus | **Tipp** Ein Streifzug durch das neoklassizistische Rathaus, das bereits 1901 erweitert worden war, birgt Entdeckungen. Nicht nur steht unten im Foyer ein Nachbau des legendären »Adler«-Zugs von 1835, sondern überall stößt man auf (dreiblättrige!) Kleeblätter – das Stadtwappen findet sich natürlich auch im Sitzungssaal.

97__Das Riesen-Bobbycar

Von der Laufhilfe zum roten Renner

Da steht es nun in luftiger Höhe. Die schwarz-weißen Räder auf silberne Metallträger gestellt, die rote Oldtimerkarosserie ebenso, während das weiße Lenkrad mit der roten Hupe in der Sonne leuchtet. Jedes Kind erkennt sofort von Weitem, dass an der Ecke Stadelner Hauptstraße/Werkstraße ein Bobbycar parkt. Und zwar das zweitgrößte seiner Art: 4,50 Meter lang, 2,30 Meter breit und 1,80 Meter hoch.

Seit 2004 ziert der Pappmaschee-Riese das Areal vor der Zentrale der Simba Dickie Group. Sie hatte damals die BIG übernommen – ein Jahr nach dem Tod des Firmengründers Ernst Albert Bettag, der das beliebteste Spielzeugauto der Welt 1972 erfunden hatte. Im Original ist es 60 Zentimeter lang und 40 Zentimeter breit – und ursprünglich sollte es Kindern ab zwölf Monaten nur beim Laufenlernen behilflich sein. Inzwischen sind über 18 Millionen Stück verkauft worden, was das Miniauto zu einem echten Renner gemacht hat.

Das Riesen-Bobbycar ließ BIG zum 20-jährigen Jubiläum von einem Künstler herstellen. 1993 wurde es beim Tag der offenen Tür auf das Dach des Pförtnerhauses der damaligen Werkhallen in der Alfred-Nobel-Straße gehievt. Nach einem Großbrand anno 1998 entstand in Burghaslach eine moderne Fabrik, die 2002 eingeweiht wurde. Und dort steht ein noch größeres Exemplar: acht Meter lang, 2,80 Meter breit und vier Meter hoch.

Das Standard-Bobbycar kostet laut Preisliste aktuell 34,95 Euro. Zubehör gibt es von Anhängern über Spezialschuhe und Beleuchtung bis zum Lärmstoppreifen jede Menge. Und auch Erwachsene sind mit dem Kultgerät unterwegs: 2007 fanden auf der Fürther Hardstraße die Deutschen Meisterschaften statt, die Höchstgeschwindigkeit liegt schon bei 115 Stundenkilometern. Seit 2010 gibt es sogar ein Bobbycar-Musical, und am allerschönsten: 2012 wählte die taz das Bobbycar zum umweltfreundlichsten Auto des Jahres. Ein schöner Gag!

Adresse Werkstraße 1, 90765 Fürth-Stadeln | **ÖPNV** Bus 173, 174, Haltestelle Stadeln-Waldringstraße | **Tipp** Kinderspielzeug im öffentlichen Raum gibt es neuerdings auch in Burgfarrnbach, wo Figuren der Fürther Firma Bruder den Kreisverkehr verschönern.

98 Das Ritualbad

Tief unten ins Grübeln kommen

Man muss den Kopf einziehen, bevor man durch den Türstock geht, wo die weiße Farbe vom Holz abblättert. Es ist ein guter Moment, um innezuhalten, bevor es die steinerne Treppe abwärtsgeht. Es sind 17 Stufen, bei der achten muss man sich ducken, weil man ins Gewölbe der Mikwe eintaucht, wie das Ritualbad im Jüdischen genannt wird. Dann steht man auf Holzbrettern und versucht sich auszumalen, wie sich Frauen und Männer – getrennt, versteht sich – jahrhundertelang immer wieder nach religiösen Vorgaben gewaschen haben. Nackt und mit Grundwasser, das als lebendig gilt.

Das wäre vielleicht heute noch so, wenn es die unselige NS-Zeit nicht gegeben hätte. Auch in Fürth wurden die Juden, die zuvor im »Fränkischen Jerusalem« auch wegen ihrer Stiftungen wohlgelitten waren, ab 1933 verfolgt, verhaftet, verjagt und in Viehwaggons weggebracht. Tief unten kommt man ins Grübeln, wenn man die Worte »ganz rein« liest. Und an die Gaskammern in den Konzentrationslagern denkt, wo der Tod durch Duschköpfe kam. Grauenvoll, erst recht wenn man bedenkt, dass Hermann Göring einen Teil seiner Schulzeit in Fürth verbracht hat.

Das Ritualbad im 300 Jahre alten Haus ist einer der eindringlichsten Orte, die das 1999 eröffnete Jüdische Museum in Fürth besitzt. Es liegt neun Meter unter Erdgeschossniveau und wurde 1702 eingerichtet. Früher sollen die Wände hellblau gewesen sein, heute dominiert ein modriges Grün. Man sieht Haken an den Wänden, oben hängen ein weißes Handtuch und rosa Blümchen-Badeschlappen. Assoziationsketten kommen in Gang, auch beim Betrachten von Fotos und religiösen Schaustücken, speziell der Laubhütte, die aus Bad Windsheim stammt.

Das jüdische Leben in Fürth steht auch im Mittelpunkt von Führungen, die hintergründig sind und an Originalorten wie der Krautheimer Krippe angeboten werden. Und regelmäßig gibt es Sonderausstellungen, auch zur Gegenwart der Juden.

Adresse Königstraße 89, 90762 Fürth-Innenstadt | ÖPNV U1, Haltestelle Rathaus | Öffnungszeiten Di 10–20 Uhr, Mi–So 10–17 Uhr | Tipp Das Jüdische Museum Franken hat seine Zentrale in Fürth, aber noch zwei Außenstellen – zum einen in Schnaittach, wo samstags und sonntags von 11 bis 17 Uhr geöffnet ist, und in Schwabach. (Infos unter www.juedisches-museum.org).

99_Das Schickedanz-Grabmal

Letzte Grüße vom Quelle-Chef

Schickedanz. Der Name stand für Größe, Glanz, Glamour und: die Quelle, mit der fast alle Fürther(innen) irgendwie verbandelt waren. Dann gingen Ende 2009 alle Lichter aus – und der omnipräsente Fixstern verschwand rasant aus dem Stadtbild. Auf dem Städtischen Friedhof gehört die Familie Schickedanz mit Sondergrab Nummer 212-15 auf Feld 34 dennoch weiter zu den Großen. Mangels Wegweiser braucht man aber Spürsinn oder einen kundigen Friedhofsgast, um das Grabmal zu entdecken.

Es liegt hinter dem Kolumbarium bei einer Blutpflaume mit rötlichen Blättern. An der steinernen Wand wird auf der Rückseite Goethe mit den zuversichtlichen Worten »Des Todes rührendes Bild steht nicht als Schrecken dem Weisen und als Ende dem Frommen« zitiert. Ein versöhnlicher Wink des Unternehmer-Paars, das in der Mitte des 6 mal 7,85 Meter großen Grabs liegt. Platz wäre für zwölf Menschen, doch nur sechs Familienmitglieder haben hier ihre letzte Ruhestätte gefunden. Neben Gustav (gestorben 1977) und Grete (gestorben 1994) sind es Eva Elisabeth (gestorben 1923) sowie Anna, Leo und Leonhard, die 1929 bei einem Unfall starben.

Stolze 11.000 Euro kostet das Grab für zehn Jahre, das eine private Gärtnerei pflegt. Margareten, Tulpen, Osterglocken und Vergissmeinnicht sorgen für Farbe, im Zentrum steht aber ein steinernes Relief, das eine Bootsfahrt darstellt. Wie ein Hirte wirkt ein bärtiger Mann in der Mitte, flankiert von einer schönen, starken Frau, deren Hände einen Jungen und einen kauernden Mann berühren, denen linker Hand Menschen nachschauen.

Eine Abschiedsszene, die sich eigentlich auf den Unfall von 1929 bezog. Die Symbolik passt aber auch gut zum Ende der Quelle und dem schnellen Vergehen des Glanzes des Weltkonzerns. Dessen durchaus wohltätiger Chef wird wegen seiner Verstrickungen in der NS-Zeit bis heute kritisch gesehen. Was bleibt, sind Fotos, Schul(turnhallen)- und Straßennamen sowie: letzte Grüße vom Grabmal.

Adresse Städtischer Friedhof, Erlanger Straße 97, 90765 Fürth-Ronhof | ÖPNV Bus 173, 173, 177, Haltestelle Friedhof | Öffnungszeiten täglich 6–21 Uhr (Sommerzeit) oder 8–19 Uhr (Winterzeit) | Tipp Auf dem Friedhof sind viele berühmte Fürther begraben, wie Max Grundig (Feld 44a/2) oder Fußballlegenden wie Charly Mai auf Feld 8/61, Herbert Erhardt auf Feld 36/122 und Edgar »Lohner« Burkart auf Feld 10/140.

100 Das Schloss Burgfarrnbach

Goldmedaillen plus Gruß von Fidel

Es sieht richtig feudal aus, das Schloss Burgfarrnbach, das die Grafen Friedrich und Ludwig von Pückler-Limpurg nach dem Abriss des maroden Wasserschlosses aus dem 16. Jahrhundert von 1832 bis 1834 errichten ließen. Eigentlich war der Prachtbau im klassizistischen Stil von Anfang an eine Nummer zu groß, doch die Brüder wollten ein gleich großes Domizil haben. So entstand der exakt symmetrische Komplex, wo sich die Familien aus dem Weg gehen konnten. Friedrich wohnte im Ostflügel, bei Gelegenheit traf man sich in der Mitte zum Dinieren im Speisesaal mit Blümchentapete und floralem Deckenmuster.

An Prunk wurde nicht gespart, was das Schloss und speziell den Königsaal heute noch zu einem beliebten Ort für festliche Feiern, aber auch musikalische Soireen macht. Eigentümer des Anwesens ist seit 1968 die Stadt Fürth, die es von der Limpurg'schen Wohltätigkeitsstiftung erwerben konnte, da es im zunehmend verarmten Ast der Adelsfamilie nach 1957 keine erbberechtigten Nachkommen mehr gab.

Nach der umfassenden Renovierung residierte von 1981 bis 2006 das Stadtmuseum im Ostflügel, das nun in der Ottostraße 2 beheimatet ist. Das Gros des Hauses dient als Basislager für die Schätze des Stadtarchivs. Und die haben es durchaus in sich: Die zwei Goldmedaillen, die der Fürther Turner Alfred Schwarzmann bei den Olympischen Spielen 1936 in Berlin gewann, sind im Verbund mit Schwarz-Weiß-Fotos und einer Bronzemedaille ausgestellt. In einer Vitrine liegt eine original kubanische Cohiba neben einem riesigen Zigarrengruß, die der »Maximo Leader« Fidel Castro einmal dem Wirtschaftswundervater Ludwig Erhard geschenkt hatte.

Zu den Vorzeigestücken gehört nicht zuletzt Hermann Glockners Riesenbibliothek im Turmzimmer, die am Tag der offenen Tür besichtigt werden kann. Ebenso wie das Tiepolo-Gemälde »David und Abigail«. Es ist richtig wertvoll und für eine Million Euro versichert.

Adresse Schloßhof 12, 90768 Fürth-Burgfarrnbach | **ÖPNV** Bus 172, Haltestelle Burgfarrnbach/Geißäckerstraße | **Tipp** Bei einer längeren Wanderung quer durch den Stadtwald kann man in Weiherhof den Klettergarten testen und in Zirndorf den Waldfriedhof besuchen, wo Helmut Jahn das Familien-Grabensemble gestaltet hat – das bisher einzige Projekt, das der US-Stararchitekt in seiner mittelfränkischen Heimat realisieren konnte.

101 Der Schneckerlassteg

Zwei Ehrenrunden über den Europakanal

Als gegen Ende der 1960er Jahre der Europakanal und die Südwesttangente gebaut wurden, brachte dies 30 neue Brücken für Fürth mit sich. Es entstanden viele nützliche Zweckbauten und eine Rad- und Gehwegverbindung, die mit Abstand am pfiffigsten war: der Eschenausteg, der die Stadtteile Eschenau und Dambach verbindet. Der Volksmund sagt aber liebevoll Schneckerlassteg, was mit den schneckenförmigen Rampen auf beiden Seiten der Brücke zu tun hat.

Ganz aufgerollt wäre der Steg 250 Meter lang, breit ist er durchaus großzügige 5,80 Meter, und die Stützweite beträgt immerhin 56 Meter. Das heißt: Man kann ganz entspannt drüberschlendern und ein bisschen von oben herab den Auto- wie den Schiffsverkehr (sofern vorhanden …) beobachten. Gut 6,30 Meter befindet man sich dabei über dem Wasserspiegel des Kanals. Und diese Höhe und die Nutzung als Radweg hatten an beiden Enden zu gewissen Sachzwängen geführt: Da für die Pedalritter der Einbau von Stufen unsinnig gewesen wäre, musste ein anderer Weg gefunden werden, um die Distanz nutzergerecht und platzsparend zu überwinden. Die Lösung war schließlich eine gewundene Ehrenrunde zum Abschluss der Kanalüberquerung auf beiden Seiten.

Angesichts der schneckenartigen Form an beiden Enden dauerte es nach der Inbetriebnahme am 23. September 1970 nicht lange, bis der Steg, der genau 865.174 Mark gekostet hat, seinen Kosenamen erhielt. Und da er nicht nur bei Radlern, sondern auch bei Joggern, Skateboardern wie Bobbycar fahrenden Kindern sehr beliebt ist, war im Jahr 2010 schnell entschieden, dass die Stahlbetonkonstruktion nach 40 Jahren saniert wird.

Zuerst kam ein neuer Belag, zwei Jahre wurde die Unterseite repariert. Und auf der Nordseite sind zuletzt sogar noch ein paar Bäume nachgepflanzt worden. Ansonsten ist für alle ausgemacht: An der Schneckerlasform wird definitiv nix mehr verändert!

Adresse Eschenausteg, 90768 Fürth-Eschenau | **ÖPNV** Bus 178, Haltestelle Dambach/Eschenau | **Tipp** Ein Stück weiter geht es hoch zur Alten Veste mit dem Aussichtsturm, der bis 20 Uhr geöffnet ist. Auf dem Weg dorthin kommt man an der früheren LAC-Quelle-Sportanlage vorbei, wo sich neben der Coubertin- auch die Kannenbergstraße befindet – benannt nach dem Fürther Olympiasieger im 50-Kilometer-Gehen von 1972.

102 Die doppelte Siebenbogenbrücke

Erhebende Gefühle für Jogger, Züge und Sprayer

Es ist ein erhebendes Gefühl, wenn man über die Siebenbogenbrücke läuft. Man sieht ins Grüne, so weit das Auge reicht, und nicht selten rauschen die Züge im 20-Sekunden-Takt vorbei. Regionalexpress, ICE, Güterzüge. Und der Evergreen »Über sieben Brücken musst du gehn« von Peter Maffay fällt einem ein, wobei es hier »Über sieben Bögen« heißen muss. Fürth ist halt gern ein bisschen speziell, gerade in Verbindung mit Schienen. In den Jahren 1862/63 wurde das 186,70 Meter lange und zehn Meter hohe Bauwerk über das Rednitztal gespannt, mit dem Fürths Bahngeschichte einen kräftigen Schub nach Westen erhielt. Durch die Konstruktion aus sieben je 20,40 Meter breiten, weitschweifend geschwungenen Bögen ebnete man den Weg für die Schienenverbindung nach Würzburg.

Mehrfach waren Erweiterungen auf fünf Gleise nötig. Als zuletzt der S-Bahn-Ausbau anstand, wurde 2011 nebenan ein Schwesterchen gebaut. Statt Sandstein verwendete man nur Beton. Und da auf eine Innenverkleidung verzichtet wurde, wirkt die nicht mal halb so breite zweite Siebenbogenbrücke etwas leichtfüßiger als die alte. Ansonsten orientierten sich die Planer am denkmalgeschützten Vorbild, dem am Ende des Zweiten Weltkriegs der siebte Bogen fehlte, weil die Nazis beim letzten Gefecht auf Fürther Boden im April 1945 einen Pfeiler gesprengt hatten. Die Amerikaner reparierten die Brücke, heute sind die Stützen mit Beton verstärkt.

Bei Hochwasser sorgt die Rednitz, die sonst durch den zweiten Bogen fließt, dafür, dass die ganze Brücke in einer Seenlandschaft steht. Ansonsten hinterlassen Graffiti-Künstler pausenlos ihre Spuren. Kein Pfeiler, der nicht mit Kürzeln und Botschaften versehen wäre. Die doppelte Siebenbogenbrücke ist ein wahres Paradies für Sprayer. Ungeachtet dessen hat der Blick von unten durch das lang gezogene Zwillingsbauwerk auch etwas Erhebendes. Besonders morgens.

Adresse zu erreichen von der Innenstadt direkt über die Karolinenstraße, 90762 Fürth-Innenstadt | **ÖPNV** U 1, Haltestelle Hauptbahnhof | **Tipp** Unter der Brücke befinden sich Wiesen mit Grillplätzen und Platz zum Spielen und Bolzen. Auf der Südseite beginnt das Wasserschutzgebiet mit dem Wasserwerk, wo im Sommer ein Trinkwasserbrunnen sprudelt.

103 Der Solarberg

Nie mehr zweite Liga

Er ist 347,70 Meter hoch, was nicht so himmelschreiend ist, dass der Energieberg, wie es auf der Landkarte heißt, von Weitem ins Auge stechen würde. Trotzdem hat dieser zwischen Stadeln, Flexdorf und Atzenhof gelegene Hügel etwas Herausragendes: Er ist ein Beleg für die Erstklassigkeit der Kleeblattstadt, denn die am Südhang installierte Anlage war mitentscheidend, dass Fürth in der ökologisch sehr prestigeträchtigen »Solarbundesliga« in die Spitzengruppe sprang. Momentan rangiert man unter den deutschen Großstädten mit über 100.000 Einwohnern auf Platz 7 – hinter Ulm, Ingolstadt, Kaiserslautern, Reutlingen, Erlangen und Freiburg, aber weit vor Nürnberg (Rang 1.668), München (1.745) oder Berlin (2.189).

Man schrieb den 23. Dezember 2003, als die damals mit der Leistung von rund 1.000 Kilowattstunden im Jahr größte Photovoltaikanlage Nordbayerns ans Netz ging. Die Kommune ist einer von 150 Unterstützern, für die sich die Investition mehr als gelohnt hat, weil die vorhergesagten Gewinne deutlich übertroffen wurden, wie die Zehn-Jahres-Bilanz zeigte. Trotzdem reibt man sich heute noch die Augen, wenn man sich dem Solarberg nähert: Auf Betonsockeln sind die dunkelblauen Module in mehreren Reihen schräg montiert, was futuristisch aussieht und von der Seite an eine verrückte Skisprunganlage erinnert.

Mit der Entscheidung für die Sonnenenergie ist der frühere Müllberg am Main-Donau-Kanal, wo von 1968 bis 1999 rund 2,6 Millionen Kubikmeter Abfall gelagert wurden, zu einem Symbol für die Zukunft geworden. Während um die Ecke ein lang gezogener Solarwall hinzugekommen ist, wird am Berg zusätzlich über 17 Gasbrunnen Energie gewonnen. Ganz oben am Solarberg gibt es eine breite Aussichtsplattform, die einen prächtigen Rundumblick bietet, inklusive vieler Infos und tastbarer Orientierungshilfen für Blinde und Sehbehinderte. Ein Service, der herausragt!

Adresse Vacher Straße 333, 90768 Fürth-Atzenhof, von dort und vom Main-Donau-Kanal führt ein Weg hoch zum Solarberg | ÖPNV Bus 173, Haltestelle Flexdorf | Tipp Schräg gegenüber an der Mainstraße liegt die Ruine der 1997 errichteten Schwelbrennanlage. Aus technischen Gründen ging sie nie in Betrieb – die Stadt Fürth nutzt folglich die Müllverbrennungsanlage in Nürnberg.

104__Die Solegrotte

Dem Meer ganz nah

Dass Fürth am Meer lag, dürfte schon ein paar Millionen Jahre her sein. Etwa zur Kreidezeit, wenn man von Versteinerungen im nahen Solnhofer Kalk ausgeht, die darauf schließen lassen, dass der hiesige Landstrich vor langer Zeit lagunenartig ausgesehen hat. Trotzdem darf man ja träumen. Und dazu gehört das Bohren nach Heilquellen, um sich Bad Fürth nennen zu dürfen. Das hat mehrfach zu ambitionierten Tiefbohrungen und sogar kleinen Erfolgen geführt (und den heutigen Heilquellen – siehe Gaggerlas-Quelle, Seite 140).

Den Bad-Zusatz gab es bisher nicht, was allgemein nicht sonderlich bedauert wird. Dafür hat die letzte Bohrung immerhin anno 2007 zur Umgestaltung des Bads am Scherbsgraben zum Fürthermare geführt – inklusive des hochtrabenden Werbespruchs »Ab ans Meer«, mit dem anfangs großflächig und sogar beim Nürnberger Hauptbahnhof geworben wurde. Ein bisschen großspurig klang das schon, weil die Wasserlandschaft im Großen und Ganzen halt ein Sammelsurium aus Spaßbad, Wellness, Sauna, Hallen- und Freibad ist, wo Rutschen und Fitnessgeräte nicht fehlen.

Doch das aus der Tiefe angezapfte Thermalwasser hat zu einer Attraktion geführt, die dafür sorgt, dass zumindest das Tote Meer ganz nah ist: die Solegrotte. Wer hier reinwill, muss 16 Jahre alt sein und bereit, einen Euro extra zu bezahlen. Das trennt die Spreu vom Weizen der Badegäste, die sich hier einfach fallen lassen und eintauchen dürfen. Im badewannenwarmen Salzwasser beginnt man zu schweben, während es über Unterwasserlautsprecher Balsam für die Ohren gibt und psychedelische Farbenspiele an der schrägen Grottenwand mäandern.

Wer sich auf das Sinnesabenteuer für Körper und Geist einlässt, der verliert im Nu das Gefühl für Raum und Zeit. Man lässt sich wegbeamen, geht auf einen schwerelosen Trip – irgendwo zwischen Milchstraße und Atlantis. Fehlen nur noch die Meeresschildkröten, die einem auf die Schulter klopfen.

Adresse Scherbsgraben 15, 90766 Fürth-Weststadt | ÖPNV Bus 172, Haltestelle Scherbsgrabenbäder | Öffnungszeiten täglich 10–23 Uhr, Infos unter www.fuerthermare.de | Tipp Ein erhebendes Gefühl ist das Laufen, Spazieren und Radeln über den hölzernen Hardsteg durch die Wiese zwischen Cadolzburger Straße und Uferpromenade.

105 Das Stadttheater

Weinrote Sitze unter grünem Farbtupfer

Es war ein Festtag, als 1902 das neue Stadttheater mit Beethovens »Fidelio« eröffnet wurde. Und nicht minder groß wurde gefeiert, als der Musentempel 100 Jahre später nach der Sanierung in neuem Glanz erstrahlte. Dass das Haus, das die berühmten Wiener Theaterarchitekten Helmer und Fellner entwarfen, der ganze Stolz Fürths ist, hat viel mit seiner Entstehungsgeschichte zu tun: Durch die Initiative des aufstrebenden Bürgertums wurde der neobarocke Neubau flott realisiert – und mit ihm rückte das Theater vom Rand des Gänsbergs mitten ins Zentrum.

Den Sieg des Schönen und der Künste symbolisiert aus der Ferne sichtbar die weibliche Galionsfigur mit Lyra und Fackel über dem Portalbogen, in Theaterkreisen »Else« genannt. Das sinnliche Spiel der bezaubernden Musen verziert golden den Innenraum, wo ein stattlicher Kronleuchter von oben runterbaumelt. Und als i-Tüpfelchen prangt das Kleeblatt nicht nur draußen vor der Tür in luftiger Höhe, sondern auch mitten an der Decke über der Bühne. Als gezielter grüner Farbtupfer im Meer aus Rot, Gold und Weiß.

Der seit 1990 amtierende Intendant Werner Müller hat es geschafft, das Niveau des Stadttheaters gezielt zu steigern. Mögen die Klassiker Schiller, Lessing und Goethe sowie Mozart, Wagner und Beethoven außen prägend sein, innen sind beim Dreiklang aus Gastspielen, Kooperationen und Eigenproduktionen Mut zu Neuem und Vielseitigkeit angesagt, wobei das Tanztheater der Lokalmatadorin Jutta Czurda als Aushängeschild gilt.

Legendär ist die Revue »Petticoat und Schickedance« zum Stadtjubiläum 2007 gewesen, bei der Fußballfans auf der Bühne Fahnen schwenken durften. Kein Wunder, dass unter den 7.000 Abonnenten alle sozialen Schichten vertreten sind. Und auch Nürnberger sind dabei, die durchaus einräumen, dass das schönere Theater in Fürth steht. Was vielleicht auch an den weinroten Sitzen liegt, die jüngst komplett erneuert wurden.

Adresse Königstraße 116, 90762 Fürth-Innenstadt; Parkplätze gibt es direkt nebenan in der sehr verwinkelten Tiefgarage des City-Centers | ÖPNV U 1, Haltestelle Rathaus | Tipp Dass es einen fast identischen Zwillingsbau in der ukrainischen Stadt Czernowitz gibt, gehört zu den Besonderheiten des Stadttheaters. Doch näher liegt ein gastronomischer Abstecher nach der Aufführung, zum Beispiel nebenan in die »Schilderwach« oder zum »Andalusischen Hund«.

106 Der Tabakbauer Pfann

Heißer Stoff für Wasserpfeifen

Das Knoblauchsland ist seit dem Mittelalter die Speisekammer der Fürther, Erlanger und Nürnberger. Ein großer Gemüsemix von Auberginen über Kartoffeln und Tomaten bis zur Zucchini wird hier angebaut, wobei sich der Spargel als Edelstück herausgeschält hat. Und was bis heute verblüfft: Seit 400 Jahren gehört Tabak zur Produktpalette. Wobei die Subventionspolitik der Europäischen Union mit dem Aus für Zigarettentabak und der flächenfressende Neubau des Möbelhauses Höffner dafür gesorgt haben, dass viele Tabakbauern zwischen Kleingründlach und Herboldshof das Handtuch warfen.

Übrig geblieben sind zwei Familien in Steinach. Neben den Höflers sorgt Familie Pfann mit Seniorchef Peter und Sohn Gerhard dafür, dass die Tradition fortgesetzt wird. Folglich blüht die Tabakpflanze nicht nur an der Fassade des 250 Jahre alten Hofs, sondern auch nebenan auf den Feldern. Wobei die Pfanns aktuell nur noch auf zwei statt auf acht Hektar Gesamtfläche Tabak anbauen. Und das hat viel damit zu tun, dass seit 2011 nicht mehr Zigarettentabak angebaut wird, sondern Stoff für Wasserpfeifen, der über eine Erzeugergemeinschaft nach Ägypten und Indien geliefert wird.

Zuvor war Zigarettentabak aus dem Knoblauchsland jahrzehntelang bei Reemtsma in Hamburg gelandet und zu Reval, Ernte 23 oder Roth-Händle verarbeitet worden. »Ein gewisses Aroma« wurde ihm nachgesagt, doch einen speziellen Fürther Geschmack hat es nie gegeben, heißt es, denn das Produkt aus Steinach war eine von 36 Sorten, die zusammengemischt wurden.

Im Mai wird Tabak übrigens nach den Eisheiligen angepflanzt, um den 10. Juli läuft die erste Ernte, danach werden die Blätter getrocknet. Da Wasserpfeifentabak durch Heißlufttrocknung bei 35 bis 62 Grad Celsius nach fünf bis sieben Tagen fertig ist (statt sechs Wochen Lufttrocknen beim Zigarettentabak), braucht man deutlich weniger Lagerplatz. So hat letztlich alles sein Gutes.

Adresse Steinach 9, 90765 Fürth-Steinach | **ÖPNV** S1, Haltestelle Vach, oder Bus 189, 179, Haltestelle Steinacher Straße | **Tipp** Nebenan steht mit dem Höffner das angeblich größte Möbelhaus Europas. Spannender ist aber die Suche nach dem Drei-Städte-Weiher mit einer idyllischen Bank ein Stück weiter im Grenzgebiet von Steinach, Eltersdorf und Kleingründlach (von hier führt ein Weg hin!).

107 Die Tanzschule Streng

Schritte, die die Welt bedeuten

Tanzschulen gelten als förmlich und steif. Wenn eine noch »Streng« heißt, scheint alles klar. Darf ich bitten, gnä' Frau?! Manfred Streng, Jahrgang 1941, widerlegt solche Vorurteile spielend. Und mit dem Schalk im Nacken kann er stundenlang davon erzählen, wie er den Familienbetrieb Stein für Stein, Schritt für Schritt auf Vordermann gebracht hat. 1889 hatte der Pfarrerssohn Carl Friedrich Streng die Tanzschule gegründet. Unterrichtet wurde zuerst nebenan in Privaträumen, die Bälle liefen im »Weißengarten«-Saal – vis-à-vis vom damaligen Theater gelegen und gleich bei der Grüner-Brauerei. Das Geschäft florierte, doch das Tanzverbot von 1943 und die Beschlagnahmung des Anwesens durch das US-Militär bis 1949 führten zu einer Zwangspause und einer existenziellen Krise.

Weil der Vater 1943 und sein Großvater 1953 starben, übernahm der Youngster nach der Tanzlehrerprüfung 1962 das Geschäft. Mit Ehefrau Ingrid, vielen Sperrholzplatten und der Liebe fürs Detail sorgte Streng für neuen Glanz im Ballsaal – inklusive Spiegelsäulen, Holztäfelung, glattem Parkett, gepolsterten Sitznischen und Discoglitzerkugel. Über Mundpropaganda und den Schülerzeitungsbericht der »Germania« erlebte das Haus einen ungeahnten Aufschwung.

Der Streng wurde Kult. Um mehr Platz zu haben, buddelte er in den 1980ern acht Jahre lang den Keller aus. Aus einem Hohlraum wurde ein Tanzsaal, in dem die Thekenkopie der »Adler«-Eisenbahn einer von vielen Blickfängen ist. Inzwischen kann in fünf Sälen gleichzeitig getanzt werden – vom Anfänger- über den Hochzeits-Crashkurs bis zum Supergoldstar. Und dazwischen tummeln sich »Pampersrocker«, Senioren und Gruppen von der Lebenshilfe.

Streng geht es dabei selten zu. »Wir machen auch viel Blödsinn«, sagt der Chef grinsend. Und der nächste Schritt, von dem er träumt, ist der Nachbau des Originalkronleuchters, von dem er bisher nur ein Teil hat.

Adresse Theaterstraße 5, 90762 Fürth-Innenstadt | **ÖPNV** U 1, Haltestelle Stadthalle | **Tipp** Nebenan am Gänsberg geht es hoch zur Stadthalle, wo jede Menge Veranstaltungen stattfinden. Und sie ist innen schöner, als der gläserne, seltsam verformte Riesenkasten von außen vermuten lässt.

108 Der U-Bahnhof Rathaus

Blaue Wunder im Untergrund

U-Bahnhöfe sind nicht gerade Orte, wo man mehr Zeit als nötig verbringen will. Auch in Fürth war das so, zumal Planung und Bau in Nürnberger Hand lagen und die U1 der Kleeblattstadt die geliebte Straßenbahn kostete, was die Sympathie für die (roten!) »Pegnitzpfeile« nicht gerade förderte. Zudem waren die ersten Stationen Stadtgrenze, Jakobinenstraße und Hauptbahnhof grau und trist geworden, was die Begeisterung niedrig hielt.

Auch der Bauabschnitt Richtung Rathaus und Stadthalle stand unter keinem glücklichen Stern. Vor allem der Abriss der beliebten Gaststätte »Café Fürst« in der Ludwig-Erhard-Straße, der aus heutiger Sicht äußerst zweifelhaft wirkt, erhitzte die Gemüter. Doch dann kam der 5. Dezember 1998, und der sorgte an den Gleisen für ein blaues Wunder: 13 Meter unter der Erde überraschte an den Wänden des U-Bahnhofs Rathaus ein lang gezogener Blick aus der Vogelperspektive auf die Fürther Altstadt. Mit einem Schlag bekam das Warten auf die U-Bahn eine neue Dimension – als würde man vom Rathausturm runterschauen, herrlich!

Grafik-Design-Studentinnen der Nürnberger Ohm-Hochschule hatten sich drei Jahre lang Gedanken gemacht. Während unter der Stadthalle ein Fliesen-Wechselspiel zwischen blau (stadtauswärts) und bunt (stadteinwärts) herauskam, sorgte Tanja Bürgelin-Arslan in Kooperation mit den Professoren Ortwin Michl und Ethelbert Hörmann für den Rathaus-Blickfang. Da einzelne Bauwerke zwischen den blau gedruckten Häuserzeilen farblich hervorgehoben sind, entsteht ein Spannungsfeld, das zum Entdecken animiert.

Ergänzend werden an mehreren Stellen historische Häppchen serviert. Zum Rathaus und Stadttheater, zur Michaeliskirche und jüdischen Geschichte, zum Schriftsteller Jakob Wassermann und zur Gustavstraße, die ursprünglich Bauerngasse hieß, bis 1632 der Schwedenkönig Gustav Adolf vor der Schlacht bei der Alten Veste in der Fürther Altstadt übernachtete. Wieder was gelernt!

Adresse Königstraße, 90762 Fürth-Innenstadt | **ÖPNV** U 1, Haltestelle Rathaus | **Tipp** Der U-Bahnhof hat viele Ausgänge – wenn man den zur Schwabacher Straße nimmt, kommt man entlang der Fußgängerzone zum »Dreiherrenbrunnen«, den Gerhard Maisch 1988 geschaffen hat. Er stellt den Bischof von Bamberg, den Markgrafen von Brandenburg-Ansbach und einen Nürnberger Patrizier dar, die jahrhundertelang in Fürth mehr gegen- als miteinander regierten – was den »Färddern« gar nicht unlieb war, weil es so manche Freiheiten mit sich brachte.

109 Der Waagplatz

Ein besonderes Pflaster

Ab und zu kommt der beschauliche Waagplatz aus dem Gleichgewicht. Dann sieht es so aus, als ob die Häuser zurückweichen und sich das alte Kopfsteinpflaster ausbreitet, damit all die Leute, die sich hier durchdrängen, draufpassen. Besonders heftig ist dieser Dehnungseffekt während der Altstadtweihnacht im Dezember. Aber auch bei Festen im Sommer, speziell beim Grafflmarkt, entfaltet der Platz ein einzigartiges Flair.

Der Name kommt von der Stadtwaage, die von 1835 bis 1960 neben dem Gasthaus »Zum roten Ross« stand. Heute erinnert daran nur noch eine graue Brunnenplastik mit riesigen Gewichtsteinen, die neben die schmucke Linde gesetzt wurde. Dass das Areal ursprünglich zu einem Gehöft gehörte, beweist der torartige Zugang von der östlichen Seite. Danach folgt ein Knick entlang der kleinen Häuserzeile, wo sich die Freibank befand, bei der Fleisch aus Notschlachtungen preisgünstig verkauft wurde, das bei der Fleischbeschau als »bedingt tauglich«, aber »nicht gesundheitsschädlich« eingestuft worden war.

Die denkmalgeschützten Gebäude der Freibank hat im Februar 1988 der Altstadtverein St. Michael gekauft und generalsaniert. Dieser betreibt hier eine Bildergalerie, wirbt mit dem Motto »Aus Alt mach Schee« und lockt seit 1981 alljährlich viele Kunsthandwerker zur Waagplatzweihnacht in die Minibudenstadt samt Maroni-Rösterei.

Nebenan gibt es Gaststätten mit irischer, italienischer, griechischer und fränkischer Note, flankiert von kreativen Lädchen, die Schmuck, Mode und Keramik anbieten. Hausnummer 3 gilt als das kleinste Haus von Fürth, das neuerdings eine Goldschmiede beherbergt. Die mit Fachwerk, Sand- und Backsteinen angereicherten Gebäude haben mittelalterliches Flair und sind ab dem 17. Jahrhundert entstanden. Mit den angrenzenden Häusern, die teils Schieferfassaden haben, bilden sie ein packendes Ensemble. Ein besonderes Pflaster!

Adresse Waagplatz, 90762 Fürth-Altstadt | **ÖPNV** U1, Haltestelle Rathaus | **Tipp** Jeden Samstag findet hier von 9 bis 14 Uhr ein kleiner, aber feiner Bauernmarkt statt.

110_Das Wildschweingehege

Schwarzkittel lieben Spaghetti

Manche Sauereien sind quasi rathausgemacht. Diese initiierte in den 1980er Jahren die damalige SPD-Stadträtin Erika Jahreis über eine Spendenaktion, die neben der Sparkasse auch den Unternehmer Max Grundig köderte. Und sie lief so erfolgreich, dass am Ende das Wildschweingehege hoch oben im Stadtwald 1987 realisiert werden konnte. Anfangs wurde es von manchen belächelt, doch im Laufe der Zeit ist es ein Magnet für Kindergärten, Schulen und Familien geworden – sowie für alle Freunde der Schwarzkittel, die hier hautnah am Zaun zu erleben sind.

Der Keiler namens Rudi und die Bache Emma, ein Wildfang aus dem Cadolzburger Forst, sind aktuell die Hausherren auf dem einen Hektar großen Gelände. Stadtförster Martin Straußberger hat ein Auge auf die – je nach Jahreszeit – sechs- bis zehnköpfige Rotte. Und er darf keine Gnade kennen, wenn es um die Population geht. Die Frischlinge werden in der Regel nach einem Jahr abgeschossen und landen irgendwo als Braten auf dem Teller.

Besucher des Stadtwalds kriegen von der Jagd wenig mit. Viele füttern die borstigen Lieblinge aber regelmäßig mit deren Leibgericht Spaghetti. Ausbüxen können die Wildschweine eigentlich nicht, doch zweimal ist es schon passiert. 2000 und 2002 wurde durch geknickte Bäume der Zaun löchrig. Einmal kamen die Tiere selber zurück, das andere Mal mussten die Bachen erlegt werden, um die Frischlinge duftmäßig anzulocken.

Abgesehen vom Borstenvieh hat der Stadtwald auch Hasen, Rehe, Füchse und Dachse zu bieten. Und vier markierte Strecken ziehen Spaziergänger wie Jogger an; zudem gibt es den roten Marmarisweg und den grün-weißen Kleeblattweg, der bereits in der Südstadt beginnt und mit 23 Kilometern am längsten ist. Neben der Stadtförsterei trifft man auch auf einen Sinnesparcours, und nebenan führen Wegweiser zu den Steinbrüchen von früher. Und die sind auch ein saustarkes Thema.

Adresse Zum Vogelsang 20, 90768 Fürth-Oberfürberg, Infos über die Stadtförsterei, Tel. 0911/721467 | **ÖPNV** Bus 178, Haltestelle Graf-Stauffenberg-Brücke | **Pkw** mit dem Auto Richtung Hotel Forsthaus, dann geradeaus weiter bis zum Wanderparkplatz am Stadtwald | **Tipp** Rund um das Wildschweingehege gibt es mehrere schöne Wander- und Laufstrecken und einen drei Kilometer langen Trimm-dich-Pfad. Zudem bietet die Stadtförsterei einen Waldlehrpfad mit 16 Stationen.

111 Das Zwei-Städte-Brauhaus

Wo Biersuppe über Grenzen fließt

Im Heiligsten riecht es kräftig. Nach Malz und Hopfen und einer würzigen Biersuppe, die in vier Bottichen köchelt. Keine roten Kupferkessel, sondern silberne Edelstahlbehälter, die als hygienischer und energiesparender gelten. Das Quartett steht sich im Viereck gegenüber – und mittendurch verläuft die Nürnberg-Fürther Stadtgrenze, markiert von drei goldenen Pfeilern. Zwei-Städte-Brauhaus heißt der Ort, den sich die Tucher Bräu ausgedacht hat, als in den 1990er Jahren ein neues Firmenzentrum geplant wurde.

Klar war: Die alten Standbeine in der Schillerstraße (Nürnberg) und Schwabacher Straße (Fürth) sollten aufgegeben und in Wohnviertel verwandelt werden. Das Problem war: Wo kann man Bier brauen, das beide Städte akzeptieren? Die Antwort ist ein weltweites Unikum: Tucher baute am Kanal auf ein Grenzgrundstück, das man seit 1999 schrittweise bezog. Die Braustätte, die im Herbst 2008 eingeweiht wurde, kostete stolze 23 Millionen Euro.

Herzstück ist das Sudhaus, wo die Bierwürze in sechseinhalb Stunden viermal das Stadtgebiet wechselt. Das Einmaischen läuft in Nürnberg, das Filtern im Läuterbottich in Fürth, das Kochen in der Würzpfanne in Nürnberg und der Feststoff-Whirlpool wieder in Fürth, umrahmt von den zwei Stadtwappen. Dass Bier dann acht Tage gären muss und je nach Sorte weitere zwei (Weizen) bis neun Wochen (Bock) im Gärtank landet, erfährt man bei köstlichen Führungen von Gebietsverkaufsleiter Helmut Ell, der selbst eine zentrale Rolle bei der Wiederbelebung des 1977 eingestellten Grüner-Biers gespielt hat. Hartnäckigkeit, ein Riesenarchiv und Sudbücher von 1903 führten am 29. September 2011 zum Comeback der Fürther Bierlegende, die unter dem Motto »beliebt, bekannt, begehrt« alle Erwartungen übertraf. Nur das Wort »bekömmlich« musste gestrichen werden. Nicht wegen des Zwei-Städte-Brauhauses, ein EU-Paragraf war schuld.

Adresse Tucherstraße 10, 90763 Fürth-Süd | **ÖPNV** Bus 67, Haltestelle Weikershof-Süd | **Öffnungszeiten** Führungen unter Tel. 0911/97760 | **Tipp** Das 1911 errichtete Humbser-Sudhaus steht an der Schwabacher Straße 106. Innen befindet sich noch der alte Kupferbraukessel. Nebenan sind mehrere Wohnbauprojekte entstanden. Nichts ist dagegen aus dem neuen Fußballstadion an der Tucherstraße auf dem Gelände nebenan geworden –, folglich dürfen die Kiebitze hier weiterbrüten.

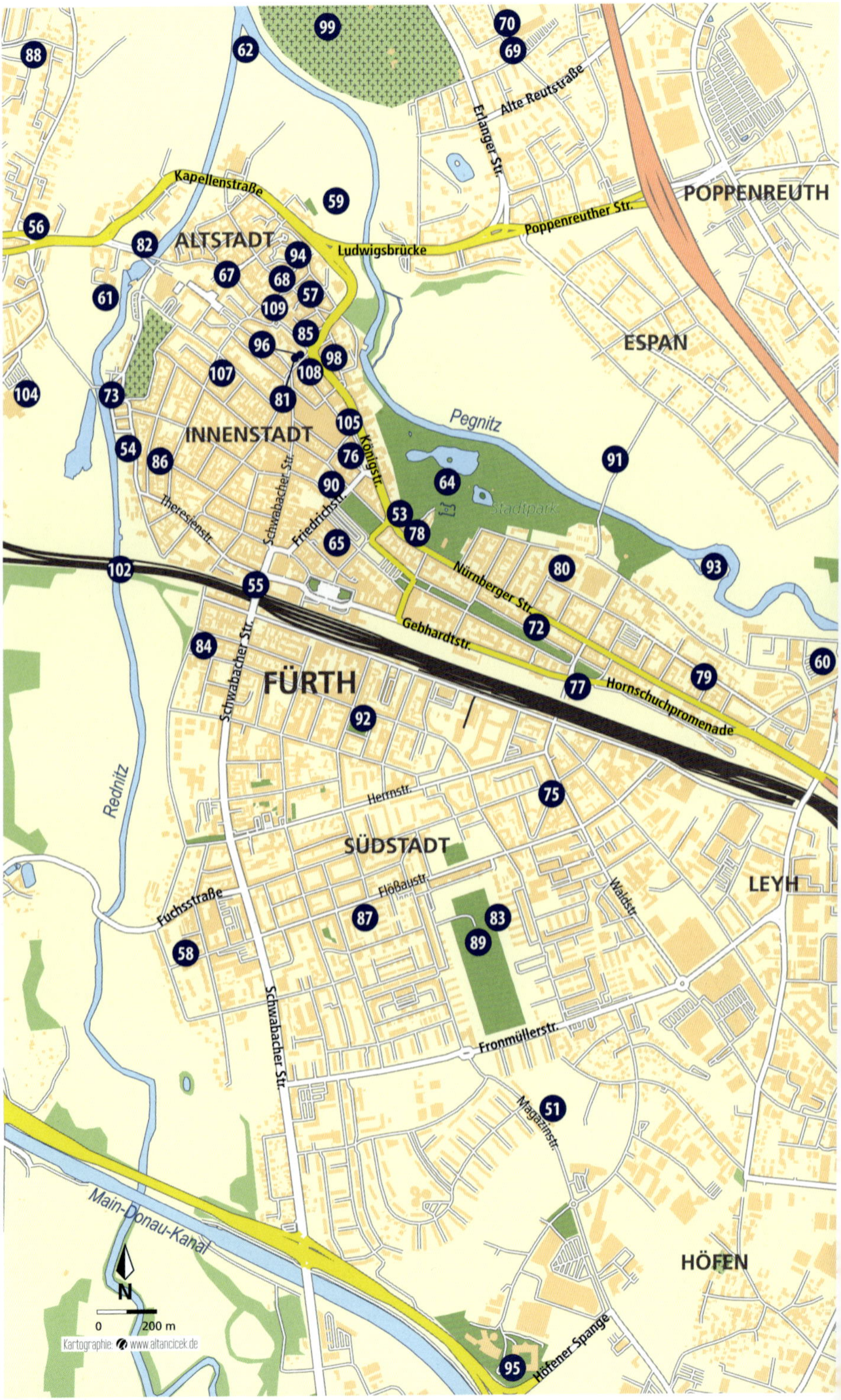
ALTSTADT
INNENSTADT
FÜRTH
SÜDSTADT
POPPENREUTH
ESPAN
LEYH
HÖFEN
Kapellenstraße
Ludwigsbrücke
Poppenreuther Str.
Alte Reutstraße
Erlanger Str.
Pegnitz
Stadtpark
Königstr.
Friedrichstr.
Schwabacher Str.
Theresienstr.
Nürnberger Str.
Gebhardtstr.
Hornschuchpromenade
Herrnstr.
Floßaustr.
Fuchsstraße
Waldstr.
Fronmüllerstr.
Magazinstr.
Höfener Spange
Rednitz
Main-Donau-Kanal
N
0
200 m
Kartographie: www.altancicek.de

2
3
BURGBERG
ERLANGEN
RÖTHELHEIMPARK
AM ANGER
SEBALDUSSIEDLUNG
Bayreuther Str.
Rathsberger Str.
Spardorfer Str.
Palmstr.
Schwabach
Bismarckstr.
Luitpoldstr.
Drausnickstr.
Henkestr.
Allee am Röthelheimpark
Nürnberger Str.
Werner-von-Siemens-Str.
Gebbertstr.
Hartmannstr.
Kolderstr.
Paul-Gossen-Straße
Kurt-Schumacher-Str.
38
50
28
13
4
32
3
17
2
39
30
31
36
21
37
24
41
16
23
9
45
N
0
210 m
Kartographie: www.altancicek.de

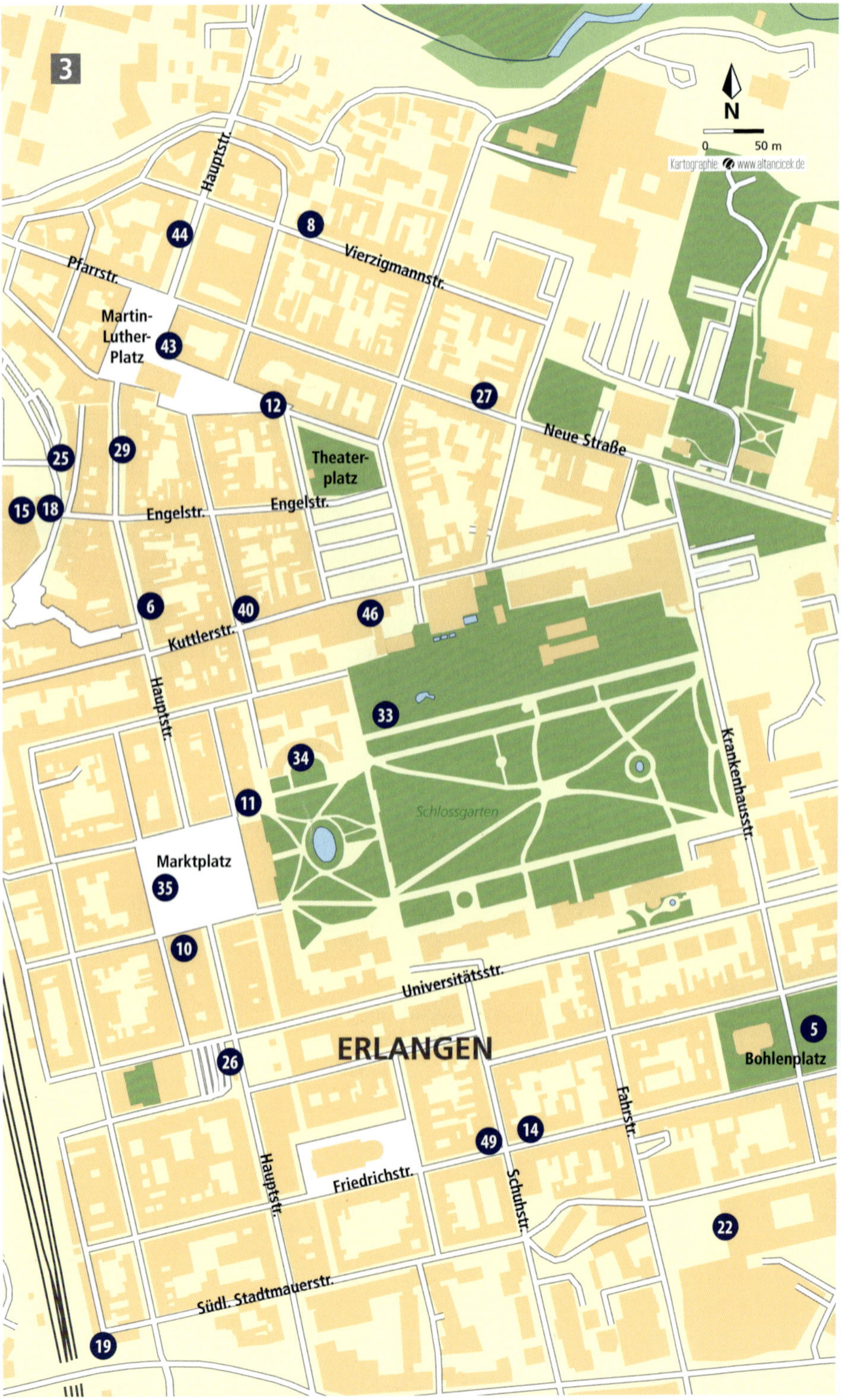
3
N
0
50 m
Kartographie: www.altancicek.de
ERLANGEN
Hauptstr.
Pfarrstr.
Vierzigmannstr.
Martin-Luther-Platz
Neue Straße
Theaterplatz
Engelstr.
Engelstr.
Kuttlerstr.
Hauptstr.
Krankenhausstr.
Schlossgarten
Marktplatz
Universitätsstr.
Bohlenplatz
Fahrstr.
Hauptstr.
Friedrichstr.
Schuhstr.
Südl. Stadtmauerstr.
44
8
43
12
27
25
29
15
18
6
40
46
33
34
11
35
10
26
5
14
49
22
19

Dechsendorf
7
Bubenreuth
A73
2
Kosbach
20
1
3
Büchenbach
ERLANGEN
A3
Regnitz
Herzogenaurach
Frauenaurach
48
47
42
Eltersdorf
Tennenlohe
A3
A73
Großgründlach
Main-Donau-Kanal
Vach
Steinach
106
Stadeln
Atzenhof
52
103
97
Ronhof
Burgfarnbach
Unterfarrnbach
1
63
74
100
Poppenreuth
Hardhöhe
Oberfürberg
FÜRTH
110
101
A73
Nürnberg
N
0
1 km
Kartographie: www.altancicek.de
Zirndorf
111
66
71

Rüdiger Liedtke
111 Orte auf Mallorca, die man gesehen haben muss
ISBN 978-3-89705-975-7

Susanne Thiel
111 Orte in Madrid, die man gesehen haben muss
ISBN 978-3-95451-118-1

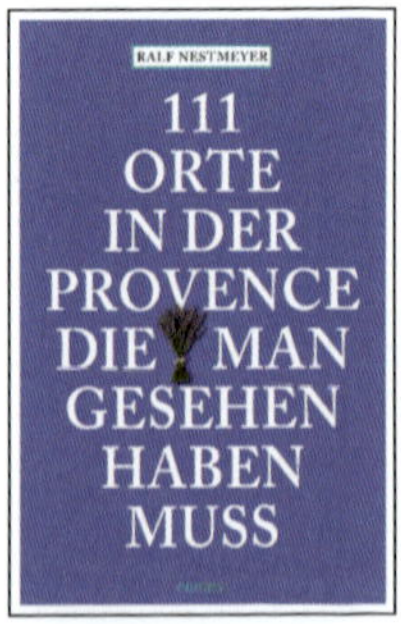

Ralf Nestmeyer
111 Orte in der Provence, die man gesehen haben muss
ISBN 978-3-95451-094-8

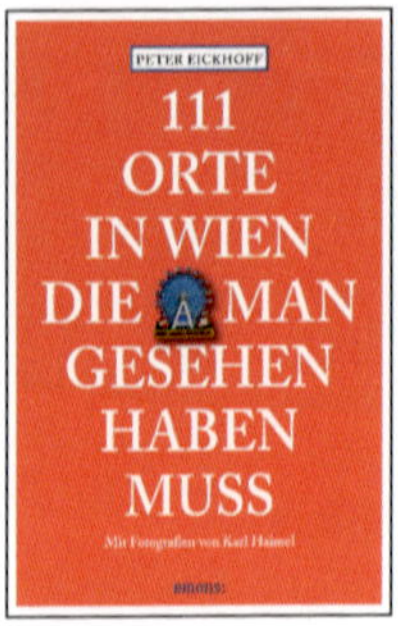

Peter Eickhoff
111 Orte in Wien, die man gesehen haben muss
ISBN 978-3-89705-969-6

Stefan Spath
111 Orte in Salzburg, die man gesehen haben muss
ISBN 978-3-95451-114-3

Regine Zweifel
111 Orte in Paris, die man gesehen haben muss
ISBN 978-3-89705-823-1

Dirk Engelhardt
111 in Barcelona, die man gesehen haben muss
ISBN 978-3-95451-066-5

John Sykes
111 Orte in London, die man gesehen haben muss
ISBN 978-3-95451-117-4

Annett Klingner
111 Orte in Rom, die man gesehen haben muss
ISBN 978-3-95451-219-5

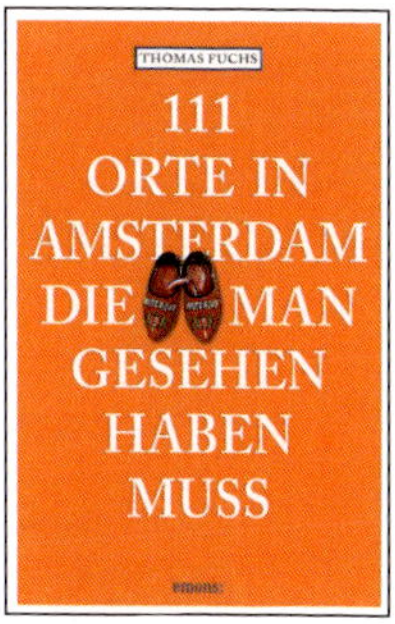

Thomas Fuchs
111 Orte in Amsterdam, die man gesehen haben muss
ISBN 978-3-95451-209-6

Stefan Spath, Gerald Polzer
111 Orte im Salzkammergut, die man gesehen haben muss
ISBN 978-3-95451-231-7

Christiane Bröcker, Babette Schröder
111 Orte in Stockholm, die man gesehen haben muss
ISBN 978-3-95451-203-4

Sabine Gruber, Peter Eickhoff
111 Orte in Südtirol, die man gesehen haben muss
ISBN 978-3-95451-318-5

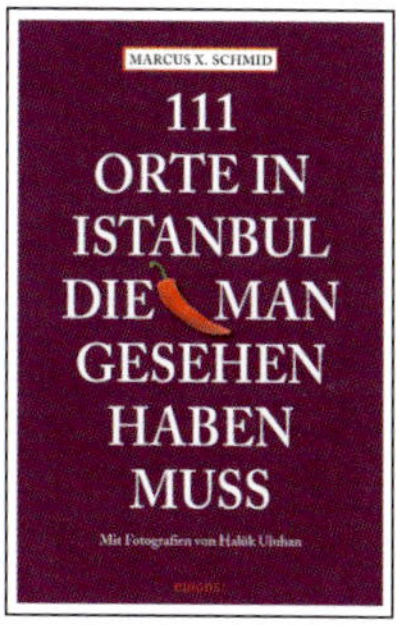

Marcus X. Schmid
111 Orte in Istanbul, die man gesehen haben muss
ISBN 978-3-95451-333-8

Alexander Barth
111 Orte in Aachen und der Euregio, die man gesehen haben muss
ISBN 978-3-89705-931-3

Lucia Jay von Seldeneck, Carolin Huder, Verena Eidel
111 Orte in Berlin, die man gesehen haben muss
ISBN 978-3-89705-853-8

Peter Eickhoff
111 Düsseldorfer Orte, die man gesehen haben muss
ISBN 978-3-89705-699-2

Bernd Imgrund
111 Kölner Orte, die man gesehen haben muss
Band 1
ISBN 978-3-89705-618-3

Daniela Bianca Gierok
und Ralf H. Dorweiler
111 Orte im Schwarzwald, die man gesehen haben muss
ISBN 978-3-89705-950-4

Barbara Goerlich
111 Orte auf der Schwäbischen Alb, die man gesehen haben muss
ISBN 978-3-89705-948-1

Lucia Jay von Seldeneck,
Carolin Huder, Verena Eidel
111 Orte in Berlin, die Geschichte erzählen
ISBN 978-3-95451-039-9

Stefanie Jung
111 Orte in Mainz, die man gesehen haben muss
ISBN 978-3-95451-041-2

Gabriele Kalmbach
111 Orte in Stuttgart, die man gesehen haben muss
ISBN 978-3-95451-004-7

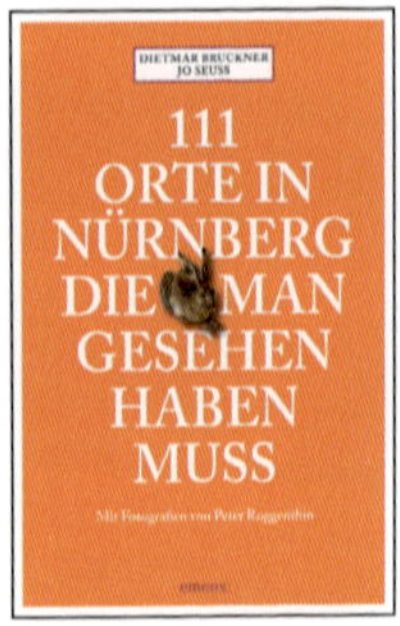

Dietmar Bruckner, Jo Seuß
111 Orte in Nürnberg, die man gesehen haben muss
ISBN 978-3-95451-042-9

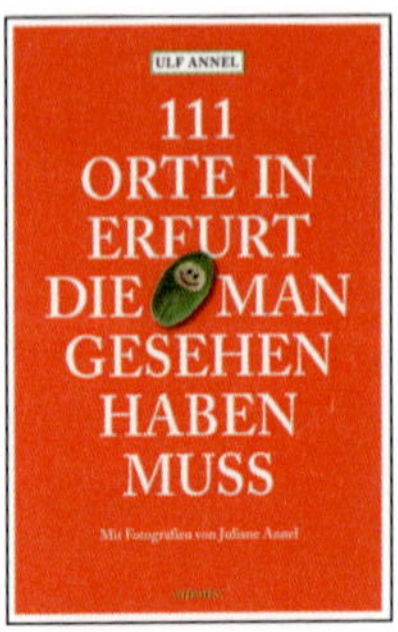

Ulf Annel
111 Orte in Erfurt, die man gesehen haben muss
ISBN 978-3-95451-022-1

Oliver Schröter
111 Orte in Sachsen, die man gesehen haben muss
ISBN 978-3-95451-021-4

Reiner Vogel
111 Orte in Regensburg, die man gesehen haben muss
ISBN 978-3-95451-054-2

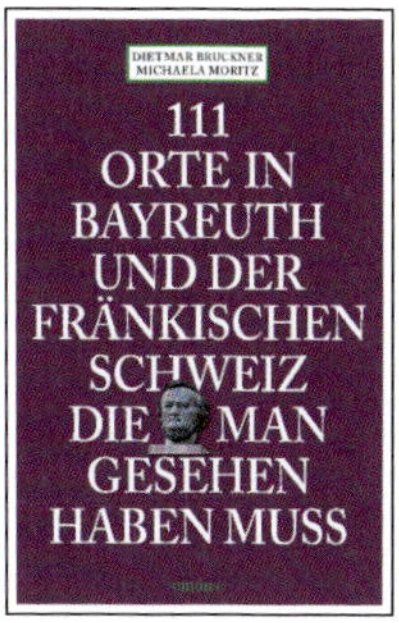

Dietmar Bruckner und Michaela Moritz
111 Orte in Bayreuth und der Fränkischen Schweiz, die man gesehen haben muss
ISBN 978-3-95451-130-3

Christina Kuhn und Christian Löhden
111 Orte in der Pfalz, die man gesehen haben muss
ISBN 978-3-95451-085-6

Monika Salchert
111 Museen in NRW, die man gesehen haben muss
ISBN 978-3-95451-107-5

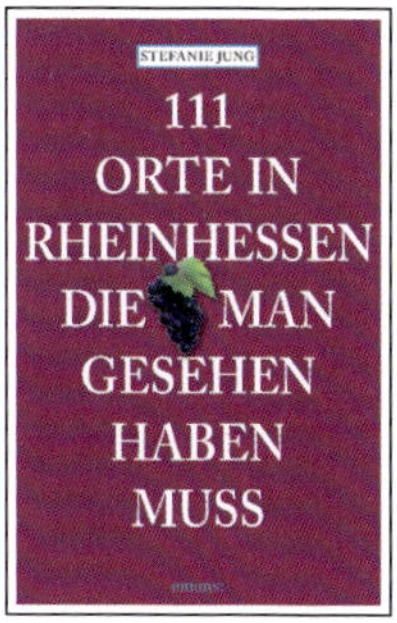

Stefanie Jung
111 Orte in Rheinhessen, die man gesehen haben muss
ISBN 978-3-95451-082-5

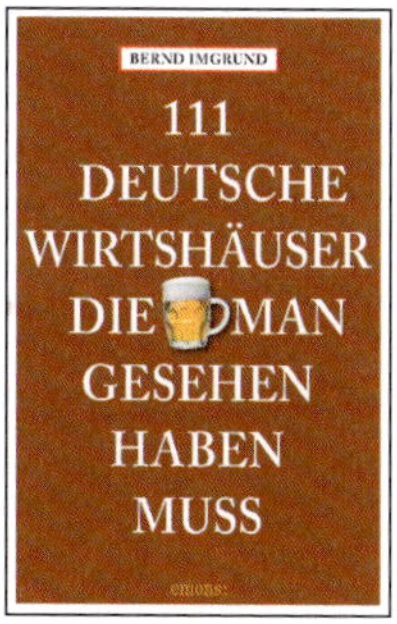

Bernd Imgrund
111 deutsche Wirtshäuser, die man gesehen haben muss
ISBN 978-3-95451-080-1

Cornelia Kuhnert
111 Orte in Hannover, die man gesehen haben muss
ISBN 978-3-95451-086-3

Dietlind Castor
111 Orte am Bodensee, die man gesehen haben muss
ISBN 978-3-95451-063-4

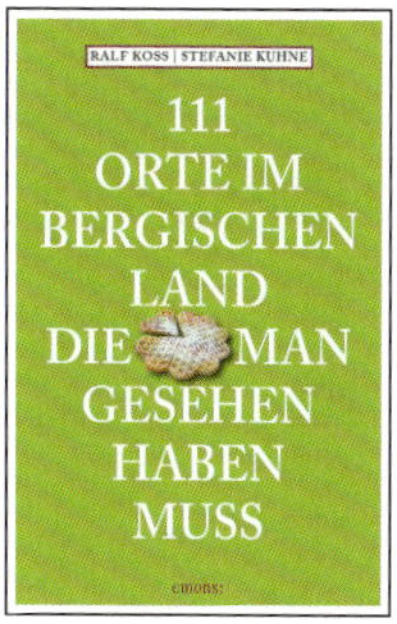

Ralf Koss und Stefanie Kuhne
111 Orte im Bergischen Land, die man gesehen haben muss
ISBN 978-3-95451-027-6

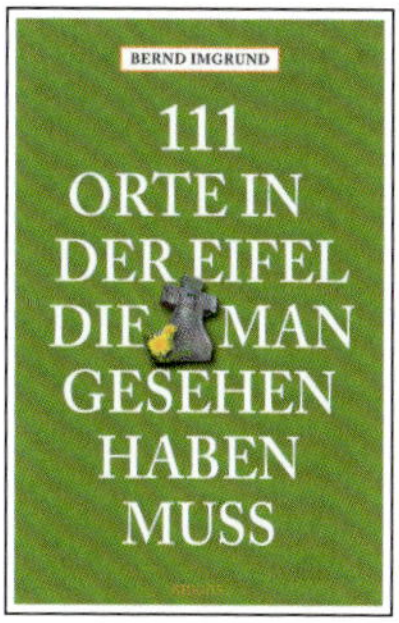

Bernd Imgrund
111 Orte in der Eifel, die man gesehen haben muss
ISBN 978-3-95451-003-0

Dankeschön

Der Autor bedankt sich bei allen Leuten, die ihn bei dem Buch unterstützt haben. Insbesondere bei seiner Familie (speziell Andrea, Pauline, Valentin und Tizian), bei den Fotografen Hans und Harald, beim Verlag Nürnberger Presse und beim Emons Verlag. Ein dickes Dankeschön geht zudem für wertvolle Tipps an Alexander, Dieter, Helmut, Karin, Klaus E., Klaus L., Markus E., Markus H., Stefan, Thomas, Veit und Wolfgang.

Der Autor

Jo Seuß, Jahrgang 1960, lebt seit 1967 im Großraum Nürnberg, Erlangen und Fürth. Er hat in Erlangen studiert und begann 1984 journalistisch zu arbeiten. Seit 1989 ist der Redakteur bei den Nürnberger Nachrichten beschäftigt. Neben einem Kneipenführer hat er mehrere Zeitungsprojekte konzipiert und im Herbst 2012 mit Dietmar Bruckner das Buch »111 Orte in Nürnberg, die man gesehen haben muss« herausgebracht. Der dreifache Familienvater wohnt seit 2003 in Fürth und genießt das Pendeln im Städtedreieck. Aus seiner Sicht ergeben die zwei attraktiven, kleinen, älteren Schwestern zusammen mit ihrer großen Nachbarin einen sehr interessanten Dreiklang, der voller Entdeckungen steckt. Und das schrie förmlich als Abrundung nach einem 111-Orte-Buch über Fürth und Erlangen.

Die Fotografen

Harald Sippel, geboren in Nürnberg in den 50er Jahren, lernte Erlangen während seines Studiums kennen und als Wohnort schätzen. Es folgten viele Jahre als Bildredakteur bei der Nürnberger Zeitung und den Nürnberger Nachrichten, ehe es ihn auch arbeitsmäßig in die Hugenottenstadt zog. Jetzt erkundet er als Fotograf für die Erlanger Nachrichten seine Stadt täglich neu und stellt immer wieder fest, dass sie viel zu bieten hat.

Hans-Joachim Winckler, 1966 in Alzey/Rheinhessen geboren, zog es nach dem Germanistik-Studium in Mainz nach Nürnberg, wo er seit 1993 mit kurzen Unterbrechungen lebt. Seit 1997 arbeitet er als Bildredakteur bei den Fürther Nachrichten, mit großer Begeisterung für die unzähligen charmanten Ecken, die die Kleeblattstadt zu bieten hat.